Betriebswirtschaftslehre

Eine Einführung in hierarchischen Modulen
Band 2 – Betrieb als Erkenntnisobjekt
der Betriebswirtschaftslehre –

2. Auflage

Eike Clausius

Danksagung

Der Verfasser bedankt sich an dieser Stelle bei all denjenigen, mit deren Anteilnahme und Mithilfe dieser Band entstanden ist. Besonders meine Studenten/ -innen der Einführung in die Betriebswirtschaftslehre trugen durch ihr ständiges Hinterfragen und ihre hilfreichen Anregungen zum Entstehen dieses Werkes bei.

Mein ganz persönlicher Dank gilt meiner Frau Evelyn, die mich vor familiären und zeitlichen Blockaden bewahrt, unterstützt und mir stets Mut zugesprochen hat: Ihr widme ich diese Publikation.

Eike Clausius

Berlin/ Zwickau 2017

Betriebswirtschaftslehre

– Eine Einführung in hierarchischen Modulen –

Band 2
– Betrieb als Erkenntnisobjekt der Betriebswirtschaftslehre –

Eike Clausius

Berlin/ Zwickau 2017

2. Auflage

Bibliografische Information der Deutschen Nationalbibliothek:
Die Deutsche Nationalbibliothek verzeichnet diese Publikation in der Deutschen Nationalbibliografie; detaillierte bibliografische Daten sind im Internet über http://dnb.dnb.de abrufbar.

© *2017 Dr. Eike Clausius*

Illustration: Dr. Clausius Consulting

Herstellung und Verlag: BoD – Books on Demand, Norderstedt

ISBN: 978-3-7460-0933-9

Inhaltsverzeichnis

1 Einführung in die Betriebswirtschaftslehre 3

2 Betrieb als Erkenntnisobjekt der Betriebswirtschaftslehre 4

 2.1 Betrieb – Unternehmen – Unternehmung – Firma 4

 2.2 Betrieb als System 8

  2.2.1 Kennzeichnung des Systems Unternehmen 8

  2.2.2 Modell des Systems Unternehmen 11

 2.3 Zielsystem von Unternehmen 22

  2.3.1 Ziele und deren Systematisierung 23

  2.3.2 Zielsystem des Betriebs als Wirkungsverbund 32

  2.3.3 Zielbildungsprozess (-entscheidungsprozess) 35

 2.4 Produktionsfaktoren 39

 2.5 Maßstäbe wirtschaftlichen Handelns (Kennzahlen) 57

3 Konstitutionaler Rahmen von Betrieben 66

4 Konstitutionaler Rahmen: privatrechtliche Rechtsformen von
  Betrieben 66

5 Konstitutionaler Rahmen: Unternehmenswendepunkte 66

6 Institutionaler Rahmen von Betrieben 66

Sachwortregister 67

Literaturliste 73

Über den Autor 74

Abbildungsverzeichnis

Abbildung 11 - Betrieb – Unternehmen – Unternehmung – Firma   4

Abbildung 12 - Kennzeichnung des Systems Unternehmen   8

Abbildung 13 - Modell des Unternehmens als System   11

Abbildung 14 - Das Konzept des `Schwarzen Kastens´   12

Abbildung 15 - Das Modell des Systems Unternehmen   12

Abbildung 16 - Geldliche und güterliche Prozesse im Ausführungssystem des Betriebes   18

Abbildung 17 - Ziele und Zielarten in Unternehmen   22

Abbildung 18 - Zielartenmatrix   30

Abbildung 19 - Das unternehmerische Zielsystem als Wirkungsverbund   32

Abbildung 20 - Zielbildungsprozess im Betrieb   35

Abbildung 21 - Produktionsfaktoren und deren Ausprägungen – 1 –   39

Abbildung 22 - Produktionsfaktoren und deren Ausprägungen – 2 –   40

Abbildung 23 - Volkswirtschaftliche Sichtweise der Leistungserstellung   41

Abbildung 24 - Modellhafte Darstellung der Leistungserstellung als Input-Output-Transformation   42

Abbildung 25 - System der Produktionsfaktoren   43

Abbildung 26 - Maßstäbe wirtschaftlichen Handelns (Kennzahlen)   57

1 Einführung in die Betriebswirtschaftslehre

Siehe Betriebswirtschaftslehre – eine Einführung in hierarchischen Modulen – Band 1.

2 Betrieb als Erkenntnisobjekt der Betriebswirtschaftslehre

2.1 Betrieb – Unternehmen – Unternehmung – Firma

Abbildung 11 - Betrieb – Unternehmen – Unternehmung – Firma

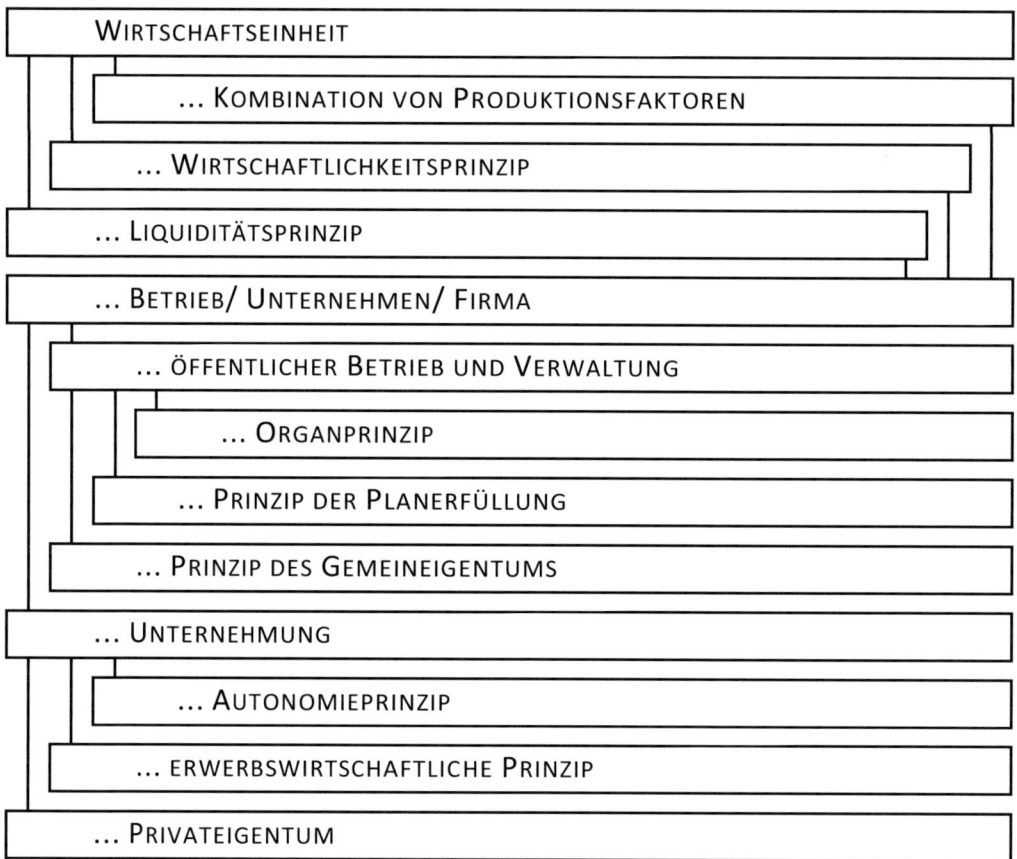

WIRTSCHAFTSEINHEIT

... KOMBINATION VON PRODUKTIONSFAKTOREN

... WIRTSCHAFTLICHKEITSPRINZIP

... LIQUIDITÄTSPRINZIP

... BETRIEB/ UNTERNEHMEN/ FIRMA

... ÖFFENTLICHER BETRIEB UND VERWALTUNG

... ORGANPRINZIP

... PRINZIP DER PLANERFÜLLUNG

... PRINZIP DES GEMEINEIGENTUMS

... UNTERNEHMUNG

... AUTONOMIEPRINZIP

... ERWERBSWIRTSCHAFTLICHE PRINZIP

... PRIVATEIGENTUM

WIRTSCHAFTSEINHEIT

Eine **Wirtschaftseinheit** ist das kleinste unter wirtschaftlichen Aspekten handelnde Systemelement eines Wirtschaftssystems, über das wirtschaftstheoretische Aussagen getroffen werden können.

Unabhängig (**systemindifferent**) vom betrachteten Wirtschaftssystem lassen sich als **Bestimmungsfaktoren** für alle Wirtschaftseinheiten nennen

- KOMBINATION VON PRODUKTIONSFAKTOREN,
- WIRTSCHAFTLICHKEITSPRINZIP UND
- LIQUIDITÄTSPRINZIP.

KOMBINATION VON PRODUKTIONSFAKTOREN

Die Kombination der **Produktionsfaktoren** beschreibt die Zusammenstellung der Faktoren menschliche Arbeit, Betriebsmittel, Leistungsobjekte und Dienstgüter.

WIRTSCHAFTLICHKEITSPRINZIP

Das **Wirtschaftlichkeitsprinzip** basiert auf dem Grundsatz, der als wirtschaftliche Version des für das Handeln der Menschen allgemein gültigen Rationalprinzips dargestellt wird, und sich konkretisiert im Maximal-(Ergiebigkeits-)Prinzip und Minimal-(Sparsamkeits-)Prinzip.

LIQUIDITÄTSPRINZIP

Das **Liquiditätsprinzip** bestimmt sich durch den Grundsatz der ständigen Fähigkeit, jederzeit termingerecht, betrags- und bedingungsgenau seinen Zahlungsverpflichtungen nachkommen zu können.

BETRIEB/ UNTERNEHMEN/ FIRMA

Wird die Betrachtung einer Wirtschaftseinheit unter *technisch-organisatorischen Aspekten* vorgenommen, so wird primär von einem **Betrieb** gesprochen. Ein **Betrieb** ist diejenige Wirtschaftseinheit, in der die Leistungserstellung erfolgt, somit Güter in Form von Sach- oder Dienstleistungen für den Bedarf Dritter erstellt, und eine Leistungsverwertung durch den Tausch dieser Güter am Markt gegen Geld erfolgt.

Wird die Betrachtung einer Wirtschaftseinheit unter *rechtlich-finanziellen Aspekten* vorgenommen, so wird primär von einem **Unternehmen** gesprochen.

Da beide Betrachtungsweisen in der Praxis kaum Unterscheidungen aufweisen, sollen beide Begriffe als Synonym angesehen werden.

Oft wird umgangssprachlich der Begriff Firma verwendet. Eine **Firma** ist der (im Handelsregister eingetragene) Name des Betriebs/ Unternehmens, unter dem ein Kaufmann seine Geschäfte betreibt und seine Unterschrift abgibt (§17 Abs. 1 HGB).

Eine weitere Differenzierung ist jedoch notwendig. Die Gedächtnisstütze: `Jede Unternehmung ist ein Betrieb, aber nicht jeder Betrieb ist eine Unternehmung´ ist nur verständlich, wenn unterschieden wird zwischen

- ÖFFENTLICHER BETRIEB UND VERWALTUNG UND
- UNTERNEHMUNG

ÖFFENTLICHER BETRIEB UND VERWALTUNG

Ein **öffentlicher Betrieb,** in dem Güter in Form von Sach- und/ oder Dienstleistungen (öffentliche Verwaltung) erstellt werden, ist ein Betrieb/ Unternehmen, der/ das abhängig (**systemdifferent**) vom Wirtschaftssystem durch zentralverwaltungsorientierte **Bestimmungsfaktoren** spezifiziert wird, die charakterisiert sind durch

- das **Organprinzip,** das durch einen politisch determinierten Wirtschaftsplan beschrieben wird,
- das **Prinzip der Planerfüllung,** das die Vorgabe von Plänen für das Handeln im öffentlichen Betrieb oder der Verwaltung verbindlich vorschreibt sowie
- das **Prinzip des Gemeineigentums,** das geprägt ist durch das kollektive Eigentum an den Vermögensteilen.

UNTERNEHMUNG

Eine **Unternehmung** ist ein Betrieb/ Unternehmen, der/ das abhängig (**system-different**) vom Wirtschaftssystem durch marktwirtschaftlich-orientierte **Bestimmungsfaktoren** spezifiziert wird, die sich darstellen durch

- das **Autonomieprinzip,** das durch die Selbstbestimmung des Wirtschafts-plans geprägt ist,
- das **erwerbswirtschaftliche Prinzip,** das durch das Streben nach Gewinn in der Ausprägung der Nutzen- oder Gewinnmaximierung charakterisier-bar ist sowie
- das individuelle Eigentum (**Privateigentum**), das ausschließlich die priva-te Einflussnahme auf die Vermögensteile (bspw. Anlagen, Gebäude) her-vorhebt.

2.2 Betrieb als System

2.2.1 Kennzeichnung des Systems Unternehmen

Abbildung 12 - Kennzeichnung des Systems Unternehmen

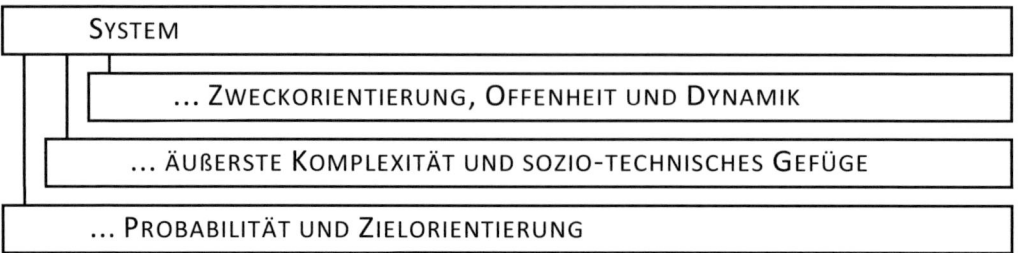

SYSTEM

Die allgemeine **Systemtheorie** beschäftigt sich mit der Beschreibung und Klassifikation von Systemen. Ein **System** wird als eine geordnete Menge von Elementen mit eindeutigen Eigenschaften verstanden. Die einzelnen Elemente eines Systems (oder auch Subsystems) stehen zueinander bzw. können zueinander in Beziehung gebracht werden.

Um betriebsbezogene Fragestellungen zu verstehen, wurde in der betriebswirtschaftlichen Theorie ein **systemorientierter Ansatz** entwickelt. Mit Hilfe von Grundbegriffen der allgemeinen Systemtheorie werden betriebliche Problemkomplexe der Unternehmensführung analysiert und Lösungsansätze unterbreitet.

Aus systemtheoretischem Blickwinkel weisen Unternehmen die **Systemeigenschaften** auf:

- ZWECKORIENTIERUNG, OFFENHEIT UND DYNAMIK,
- ÄUßERSTE KOMPLEXITÄT UND SOZIO-TECHNISCHES GEFÜGE UND
- PROBABILITÄT UND ZIELORIENTIERUNG.

ZWECKORIENTIERUNG, OFFENHEIT UND DYNAMIK

Ein Unternehmen ist ein zweckorientiertes, offenes und somit dynamisches System.

Ein Unternehmen hat eine **Zweckorientierung**. Ein Unternehmen stellt eine Einheit dar, die wirtschaftet. Das heißt, sie entscheidet und disponiert über die direkte oder indirekte Verwendung knapper Güter zur Befriedigung menschlicher Bedürfnisse. Es erstellt Güter in Form von Sach- und/ oder Dienstleistungen für den Bedarf Dritter und bietet diese zum Tausch am Markt an. Das Unternehmen ist somit zweckorientiert.

Unternehmen sind offene Systeme (Kriterium **Offenheit**), da sie in eine dynamische Umwelt – dem Umsystem – eingebettet sind. Informationen und materielle Ströme wie bspw. Stoffe und Energie fließen aus dem Umsystem als Input in das Unternehmen, werden dort in andere Informationen und materielle Ströme transformiert, und diese fließen wieder an das Umsystem als Output zurück. So steht – durch Austauschbeziehungen auf der Beschaffungs- und Verwertungsseite – das Unternehmen in vielfältiger interdependenter Verknüpfung zu seiner Umwelt.

Das Unternehmen ist eingebettet in eine dynamische, sich ständig ändernde Umwelt (Kriterium: **Dynamik**). Je instabiler dieses Umfeld des Unternehmens, desto wichtiger ist einerseits die Anpassung (reaktive Adaption) und andererseits die Gestaltung des Umsystems (antizipative Adaption) im Zeitablauf.

ÄUSSERSTE KOMPLEXITÄT UND SOZIO-TECHNISCHES GEFÜGE

Ein Unternehmen besitzt ein äußerst komplexes und sozio-technisches Gefüge.

Als äußerst komplex werden Systeme bezeichnet, wenn sich die Elemente eines Systems einer detaillierten Analyse entziehen und nur Teilaspekte betrachtet werden können.

Unternehmen bestehen aus einer großen Anzahl von Elementen. Durch die Kombination dieser Elemente (ausführende menschliche Arbeit, Leistungsobjekte, Betriebsmittel und Dienstgüter) erfolgt die Leistungserstellung und -verwertung des Unternehmens.

Da sowohl menschliche als auch technische Elemente in wechselseitigen, vernetzten Beziehungen stehen, wird ein Unternehmen als sozio-technisches System bezeichnet.

PROBABILITÄT UND ZIELORIENTIERUNG

Ein Unternehmen ist ein probabilistisches und zielorientiertes System.

Probabilistisch ist ein Unternehmen (Kriterium: **Probabilität**), da es keine strengen Prognosen zulässt. Je genauer Unternehmen untersucht werden, desto größer wird die Wahrscheinlichkeit, mit der sich sagen lässt, wie sich das System unter gegebenen Rahmenbedingungen vermutlich verhalten wird. Ein Rest an Unsicherheit wird jedoch bei der Aufstellung von Prognosen immer bestehen.

Der Unternehmensprozess ist zielgerichtet (Kriterium: **Zielorientierung**), d.h. auf einen umfassenden Zweck in dem Sinne ausgerichtet, dass alle dem Unternehmen zufließenden Informationen und materiellen Ströme zur momentanen Zweckerreichung beitragen. Als wichtigstes privatwirtschaftliches Unternehmensziel gilt das Nutzen- oder Gewinnstreben.

2.2.2 Modell des Systems Unternehmen

Abbildung 13 - Modell des Unternehmens als System

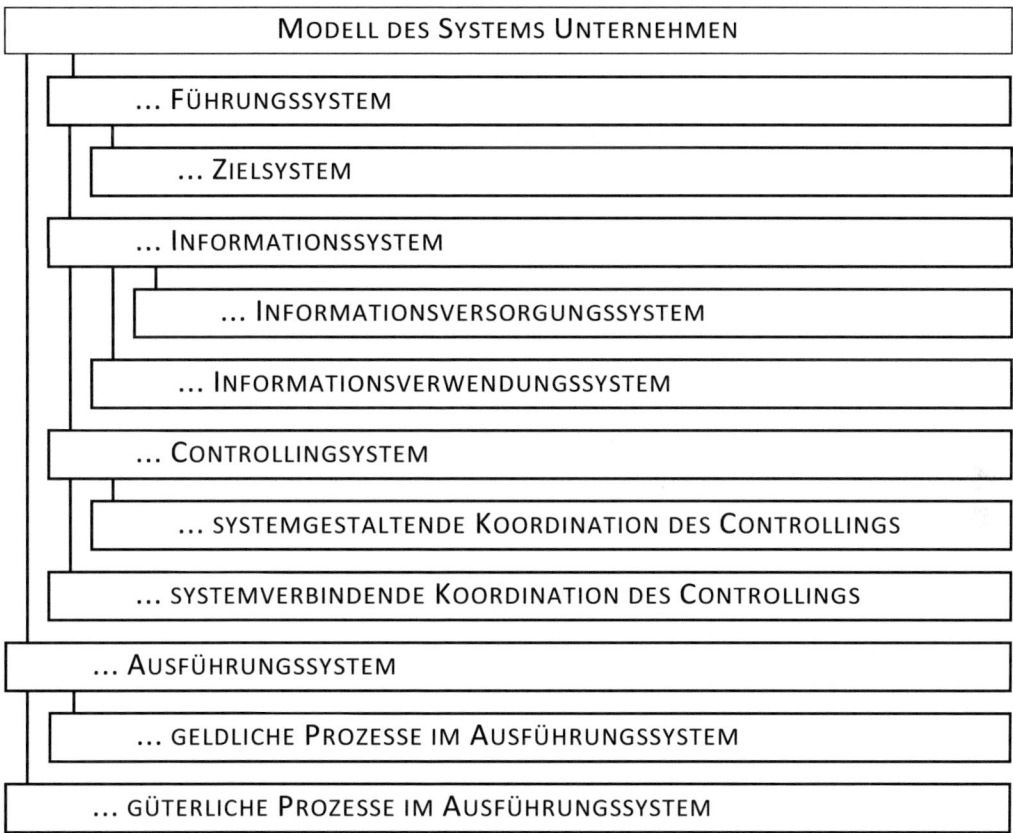

MODELL DES SYSTEMS UNTERNEHMEN

Um die komplexen Zusammenhänge in Unternehmen zu erfassen und darzustellen, werden im Rahmen einer systemorientierten Betrachtung Modelle verwendet. **Modelle** sind vereinfachte Abbildungen der Realität. Ein erstes, stark vereinfachtes Modell des Unternehmens ist das Konzept des `Schwarzen Kastens´ (Black-Box-Konzept).

Abbildung 14 - Das Konzept des `Schwarzen Kastens´

Das Konzept des `Schwarzen Kastens´ erlaubt lediglich globale Aussagen. Für weitergehende Untersuchungen ist es sinnvoll, das Unternehmen schrittweise, entsprechend der zu beantwortenden Fragestellung, in weitere Teilsysteme zu untergliedern. Dabei empfiehlt es sich, lediglich Elemente aufzuzeigen, die für eine Fragestellung als relevant angesehen werden. Die Anzahl von Subsystemen muss eine Überschaubarkeit des Systems Unternehmen gewährleisten.

Abbildung 15 - Das Modell des Systems Unternehmen

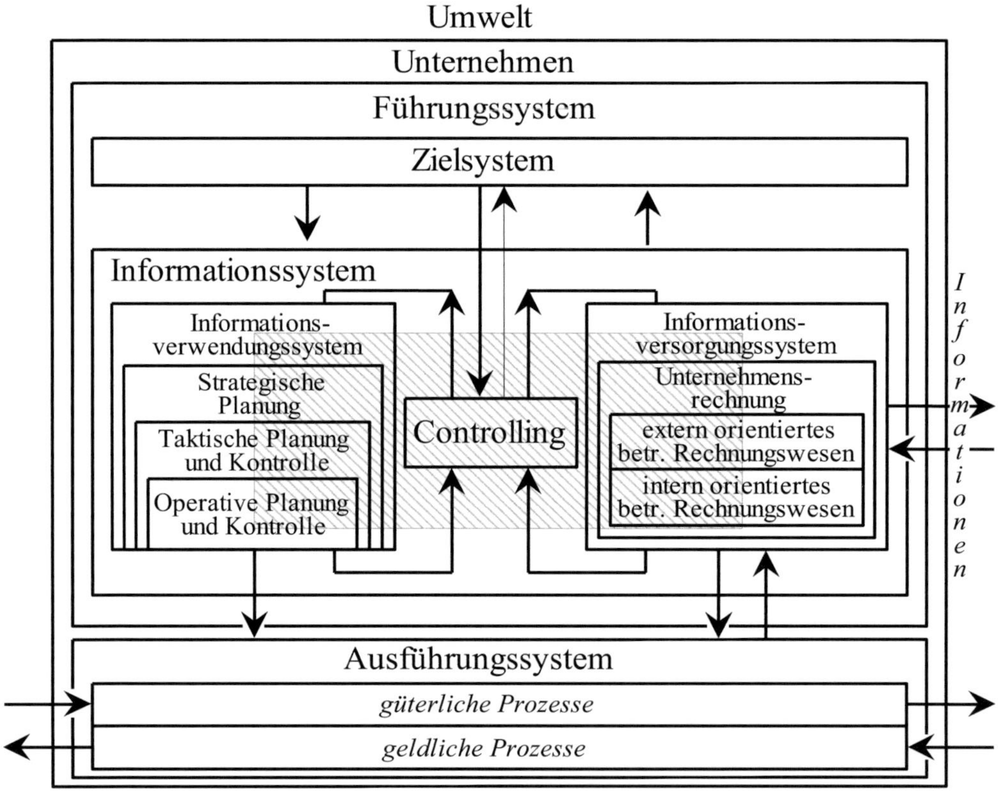

Eine weitere Modellanalyse des Konzepts des `Schwarzen Kastens´ könnte zu dem in Abbildung `Das Modell des Systems Unternehmen´ dargestellten Ergebnis führen.

Das System Unternehmen wird abgestuft in folgende Subsysteme

- FÜHRUNGSSYSTEM UND
- AUSFÜHRUNGSSYSTEM.

FÜHRUNGSSYSTEM

Wirtschaften ist definiert worden als das Entscheiden über knappe Güter im Hinblick auf ihre Verwendung zur Befriedigung menschlicher Bedürfnisse. Unter **Unternehmensführung** oder **Management** wird das zielorientierte, evolutionäre Gestalten, Lenken und Entwickeln von Institutionen verstanden. In einer arbeitsteiligen Welt erleichtert die Unternehmensführung die Realisierung gesetzter Ziele. Aus diesem Grunde kommt den Entscheidungsprozessen in der Wirtschaft und damit auch in Unternehmen eine überragende Bedeutung zu. Ein **Entscheidungsprozess** ist ein informationsverarbeitender Prozess, an dessen Ende die Auswahl einer Handlungsmöglichkeit steht. Der Entscheidungsträger wird dabei diejenige Handlungsmöglichkeit auswählen, die seine Zielsetzungen subjektiv bestmöglich zu erfüllen verspricht. Die getroffenen Entscheidungen beinhalten Imperative in Form von Soll-Werten, die durch den anschließenden Realisationsprozess angestrebt werden. Für die Analyse von Entscheidungsprozessen ist es zweckmäßig, das Führungssystem aufzugliedern in

- ZIELSYSTEM
- INFORMATIONSSYSTEM UND
- CONTROLLINGSYSTEM

ZIELSYSTEM

Ziele stellen Aussagen über erwünschte Zustände dar, die als Ergebnis von Verhaltensweisen eintreten sollen. Bei der Gegenüberstellung von Handlungsmöglichkeiten bilden die Ziele die Grundlage für die Beurteilung, welche dieser

Alternativen vorzuziehen sind. Grundsätzlich werden mehrere, i.d.R. unterschiedlich ausgeprägte Ziele verfolgt wie leistungs-, finanzwirtschaftliche und soziale Ziele, die in Beziehung zueinander stehen – es wird von einem **Zielsystem** gesprochen. Die Verschiedenartigkeit von Unternehmen und die unternehmensindividuellen Schwerpunkte bei der Zielformulierung verhindern eine eindeutige Konkretisierung eines generellen Zielsystems.

INFORMATIONSSYSTEM

Nachdem im Zielsystem generelle Imperative für das Entscheidungsverhalten festgelegt wurden, werden im Folgenden die für die Entscheidungsfindung gleichfalls relevanten informationellen Prozesse betrachtet, die sich im Informationssystem vollziehen. **Informationen** werden als zweckorientiertes Wissen verstanden, die zur Erreichung der unternehmerischen Ziele eingesetzt werden. Das **Informationssystem** ist ein System, das die zur Gewinnung, Aufbereitung und Weiterleitung der für die künftigen Entscheidungsprozesse notwendigen Informationen beinhaltet.

Das Informationssystem des Unternehmens besteht aus den Subsystemen

- INFORMATIONSVERSORGUNGSSYSTEM UND
- INFORMATIONSVERWENDUNGSSYSTEM.

INFORMATIONSVERSORGUNGSSYSTEM

Das **Informationsversorgungssystem** stellt die für die Entscheidungsfindung notwendigen Informationen zur Verfügung. Informationen werden nach gesetzlichen Vorschriften oder im Unternehmen üblichen Grundsätzen und Verfahren beschafft und müssen gegebenenfalls gespeichert werden. Soweit es sich um quantitative oder quantifizierbare Informationen handelt, werden diese in einem Teil- oder Subsystem des Informationsversorgungssystems, der **Unternehmensrechnung** bereitgestellt. Die Unternehmensrechnung ist ein quantitatives Modell des wirtschaftlichen Geschehens, das sich sowohl innerhalb des Betriebs als auch zwischen dem Betrieb und seiner Umwelt vollzieht.

Zur Erfüllung der Aufgaben des Informationsversorgungssystems können verschiedene Instrumente herangezogen werden wie das betriebliche Rechnungswesen, die Finanzierungs- und Investitionsrechnung. Das Informationsversorgungssystem hat die Aufgabe, die für das Informationsverwendungssystem relevanten Informationen nach temporären, lokalen, qualitativen und quantitativen Gesichtspunkten bereitzustellen. Das Informationsversorgungssystem hat eine Informationsangebotsfunktion.

INFORMATIONSVERWENDUNGSSYSTEM

Adressat der aufbereiteten Informationen ist das **Informationsverwendungssystem**. Hier vollziehen sich die Entscheidungsprozesse.

Entscheidungsprozesse wie sie sich im Informationsverwendungssystem vollziehen, werden als **Planung** bezeichnet. Bei Planungsprozessen wird eine genaue Strukturierung der Entscheidungssituation vorgenommen. Die Auswahl der optimalen Entscheidungsalternative erfolgt unter Verwendung exakter Lösungsalgorithmen(-methoden). In Entscheidungsprozessen werden Informationen rational verarbeitet. Planung kann aufgrund ihrer systematischen Vorgehensweise und Zielorientiertheit als Entscheidungsprozess bezeichnet werden. Die Ergebnisse der Planungstätigkeit sind singuläre (einzelne) Imperative, deren Einhaltung durch Kontrollen zu überprüfen ist.

Das Informationsverwendungssystem hat eine **Informationsnachfragefunktion**, die durch das Informationsversorgungssystem befriedigt wird.

CONTROLLINGSYSTEM

Die Informationsversorgung und die Informationsverwendung sind zwei voneinander unabhängige Bereiche. Um die Divergenzen zwischen monistischen Verfahren des Informationsversorgungssystems einerseits und den pluralistischen Zwecken des Informationsverwendungssystems andererseits entsprechend des Zielsystems aufeinander abzustimmen, ergibt sich die Notwendigkeit der Koordinationsaufgabe durch das **Controlling**.

Das Controlling ist für die Ausformung einer abgestimmten Struktur zwischen dem Informationsverwendungssystem (Planungs-, Steuerungs- und Kontrollsystem) und dem Informationsversorgungssystem verantwortlich. Diese Koordinationsfunktion des Controlling ist beschreibbar als

- SYSTEMGESTALTENDE KOORDINATION DES CONTROLLINGS UND
- SYSTEMVERBINDENDE KOORDINATION DES CONTROLLINGS.

SYSTEMGESTALTENDE KOORDINATION DES CONTROLLINGS

Für das Informationsversorgungssystem ist eine Struktur zu entwerfen, die Informationen anzubieten erlaubt, die den vom Informationsverwendungssystem für seine Aufgaben nachgefragten Informationen möglichst entsprechen. Für das Informationsverwendungssystem muss eine Strukturgestaltung erfolgen, die sowohl den zu lösenden betrieblichen Problemen als auch den Möglichkeiten des Informationsversorgungssystems entspricht. Diese Teilaufgabe des Controllings wird als **systemgestaltende Koordination** bezeichnet.

Der Entwurf von Systemen beruht auf dem Gedanken der Bildung von Systemverbunden oder -hierarchien aus Subsystemen. Ausgangspunkt der Systemgestaltung ist deren Analyse. Alle vorhandenen und zukünftig zu erwartenden Teilaufgaben werden einer Bestandsaufnahme unterzogen, so dass eine Grundgliederung dieses (Sub-)Systems erfolgt. Durch die Kombination der einzelnen Aufgabenelemente erfolgt eine Gebildestrukturierung (-hierarchie). Die Aufgabe der systemgestaltenden Koordination des Controllings ist es, (Sub-)Systeme zu bilden und diese (Sub-)Systeme durch Ziele, Regeln, Modelle und Methoden so auszuformen, dass sie zur Zielerreichung beitragen. Dabei werden sowohl **Elementaraufgaben** zu Aufgabenkomplexen (Gebildestrukturierung) als auch Arbeitseinheiten zu Arbeitszusammenhängen (Prozessstrukturierung) verbunden (synthetisiert). Neben der Gebildestrukturierung findet in der Analyse eine Prozessstrukturierung statt, in der die potentiellen Leistungseinheiten in ihren inhaltlichen, lokalen, temporären und personellen Ausprägungen differenziert werden.

SYSTEMVERBINDENDE KOORDINATION DES CONTROLLINGS

Auf der Grundlage einer generellen Systemstruktur des Unternehmens kann eine fortwährende Abstimmung zwischen dem Informationsversorgungssystem und dem Informationsverwendungssystem erfolgen. Diese Teilaufgabe des Controllings wird als **systemverbindende Koordination** bezeichnet.

Die Aufgabe der systemverbindenden Koordination des Controllings ist in der Sicherstellung eines effektiven Zusammenwirkens der gebildeten Subsysteme mit dem Gesamtsystem zu sehen. Hierbei muss eine erfolgreiche Abstimmung des Informationsverwendungssystems mit dem unternehmensbezogenen Informationsversorgungssystem – bspw. der Unternehmensrechnung, der Investitionsrechnung, der Finanzierungsrechnung, der Datenverarbeitung sowie der Organisation – und den Schnittstellen zu unterschiedlichen funktionalen Subsystemen – bspw. der Forschung und Entwicklung, der Leistungsbeschaffung, -erstellung und der -verwertung – gewährleistet sein.

Bei der Bildung von weiteren (Sub-)Systemen müssen die Interdependenzen zu anderen (Sub-)Systemen durch systemgestalterische und -verbindende Koordinationsaktivitäten im Hinblick auf geeignete Schnittstellen durch das Controlling Berücksichtigung finden.

AUSFÜHRUNGSSYSTEM

Neben dem Führungssystem im Unternehmen, in dem das betriebliche Geschehen als informationeller Prozess betrachtet wurde, existiert ein Ausführungssystem. Im **Ausführungssystem** werden die im Führungssystem getroffenen Entscheidungen umgesetzt.

Ergebnisse der Entscheidungsprozesse des Führungssystems gehen als Imperative in das Ausführungssystem ein. Daten aus dem Ausführungssystem stehen dem Informationssystem zur Verfügung.

Abbildung 16 - Geldliche und güterliche Prozesse im Ausführungssystem des Betriebes

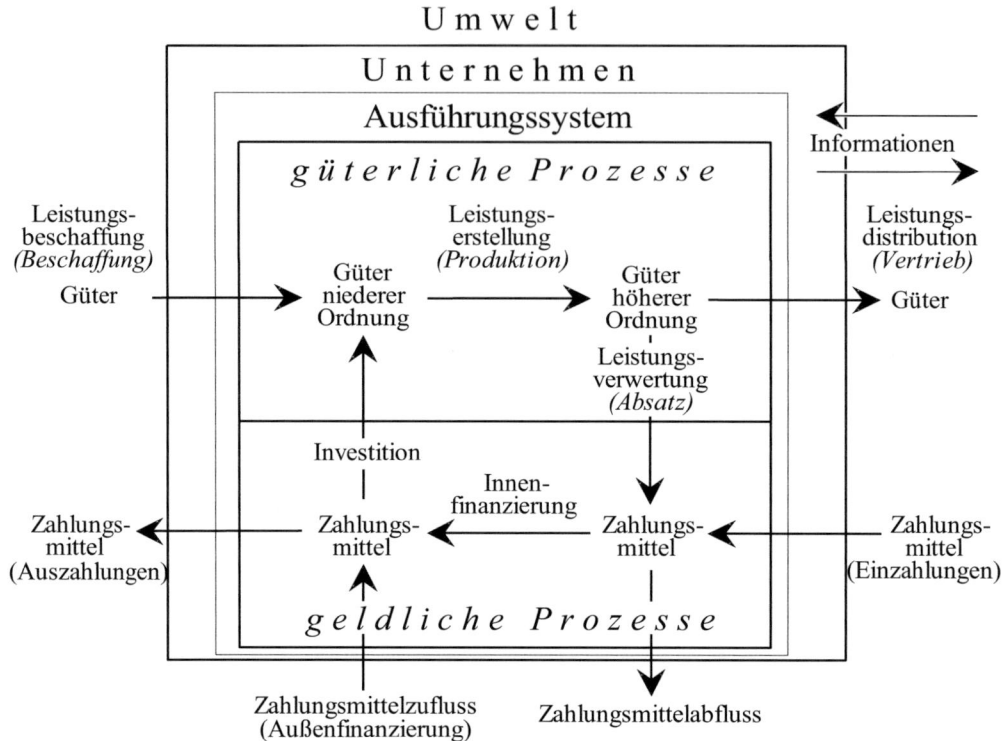

Wirtschaften[1] ist als das Entscheiden über knappe Güter in Hinblick auf die Verwendung zur Befriedigung menschlicher Bedürfnisse im Sinne von Leistungserstellung und -verwertung charakterisiert worden. Die tatsächliche Verwendung der Güter in Form der Leistungserstellung und -verwertung findet dagegen in den nachgelagerten Realisationsprozessen statt, resultierend aus den zuvor getroffenen Entscheidungen. Entscheidungen über die Verwendung knapper Güter müssen in Realisationsprozesse umgesetzt werden. Gegenstand betriebswirtschaftlicher Betrachtungen müssen insofern Entscheidungsprozesse sowie deren nachgelagerten Realisationsprozesse sein.

---

[1] Siehe auch zu „Wirtschaften" Band 1, Kapitel 1.1

Im Ausführungssystem vollziehen sich die dem Wirtschaften nachgelagerten Realisationsprozesse. Bei **Realisationsprozessen** handelt es sich zum überwiegenden Teil um konkrete materielle Vorgänge. Da ein Austausch von Gütern im Wirtschaftsgeschehen gegen finanzielle Mittel erfolgt, ist es notwendig, Realisationsprozesse auch als monetäre Vorgänge zu verstehen. Diese duale Differenzierung des Ausführungssystems beruht auf dem Grundgedanken, dass realgüterliche Prozesse nicht mehr in Form des archaischen Naturaltauschs vorgenommen werden, sondern unter Einschaltung eines allgemein anerkannten Tausch- bzw. Zahlungsmittels: das **Geld**.

Die im Betrieb sowie die zwischen dem Betrieb und seiner Umwelt ablaufenden Realisationsprozesse ergeben eine Abfolge geldlicher und güterlicher Prozesse. Die wechselseitigen Transformationsprozesse zwischen geldlichen und güterlichen Vorgängen und deren Zusammenhang sind in der vorstehenden Abbildung modellhaft dargestellt. Als Anschauungsobjekt dient ein industrieller Betrieb, der seine Leistungen für einen anonymen Markt, respektive Abnehmerkreis erstellt.

Die Abbildung zeigt, dass jeder Betrieb in den Geld- und Güterkreislauf seiner Umwelt oder seines Umsystems, die auch als Volks- und Weltwirtschaft des Betriebs bezeichnet wird, eingebettet ist. Im Folgenden soll kurz und modellhaft eingegangen werden auf die im Ausführungssystem stattfindenden

- GELDLICHE PROZESSE IM AUSFÜHRUNGSSYSTEM UND
- GÜTERLICHE PROZESSE IM AUSFÜHRUNGSSYSTEM.

GELDLICHE PROZESSE IM AUSFÜHRUNGSSYSTEM

Bei der Gründung sowie der Aufrechterhaltung der unternehmerischen Tätigkeit sind Zahlungsmittel erforderlich. Insbesondere bei der Gründung benötigt das Unternehmen Zahlungsmittel, die von außen durch entsprechende Kreditgeber (Eigentümer, Banken und anderen) zugeführt werden. Die Beschaffung und Bereitstellung von Zahlungsmitteln, die dem Betrieb von außen zufließen, wird als **Außenfinanzierung** bezeichnet.

Weitere Zahlungsmittel fließen dem Unternehmen bei dessen Existenz durch die Verwertung seiner Güter am Markt zu (Einzahlungen). Die auf diese Weise zufließenden Zahlungsmittel stehen dem Unternehmen zur weiteren Verfügung bereit. Einerseits werden die externen Kreditgeber für die zuvor erfolgte Außenfinanzierung in Form von Zins- und Tilgungszahlungen als auch die Eigentümer in Form von Gewinnausschüttungen bedient [Zahlungsmittelabfluss (Auszahlungen)], andererseits verbleiben die Zahlungsmittel im Unternehmen und stehen dem Betrieb zur Umwandlung bereit.

Sind im Betrieb Zahlungsmittel aus dem betrieblichen Prozess vorhanden und werden diese dem Betrieb zur Verfügung gestellt, so wird von **Innenfinanzierung** gesprochen. Dieser geschilderte Prozess bildet den geldlichen Prozess in Form des Zuflusses von Zahlungsmitteln.

Die Zahlungsmittel werden am Markt in Güter, die zur Erstellung von Gütern in Form von Sachleistungen benötigt werden, umgewandelt. Der Transformationsprozess wird **Investition** genannt. Investition ist somit der Vorgang der Verwendung von Zahlungsmitteln, durch den freie Zahlungsmittel in gebundene Zahlungsmittel umgewandelt werden. Dabei erfolgt die Bindung der Zahlungsmittel in Güter (Investitionsobjekte), die für die Leistungserstellung und -verwertung benötigt werden.

Durch die Umwandlung von freien Zahlungsmitteln in Güter erfolgt eine Bindung der Zahlungsmittel an Objekte, die für die Leistungserstellung und -verwertung benötigt werden.

Der güterliche Zufluss an Gütern wird als (Leistungs-)**Beschaffung** bezeichnet. Neben der Beschaffung von (Sach-)Gütern wie Werkstoffen müssen weitere Faktoren beschafft werden. Der durch die Hereinnahme der beschafften Güter in das Unternehmen einsetzende Prozess ist auf die Realisation gerichtet: Güter niederer Ordnung in Form von Sachgütern werden in Güter höherer Ordnung für den Bedarf Dritter transformiert. Dieser güterliche Umwandlungsprozess wird **Leistungserstellung** – oder in der Terminologie des Industriebetriebs **Produktion** – genannt. Die durch Umwandlung entstehenden Güter in Form von Konsum- oder Investitionsleistungen sind Güter höherer Ordnung.

Mit dem Abschluss der Leistungserstellung ist es dem Betrieb möglich, die Güter am Markt anzubieten. Es setzt der Prozess des Tausches der erstellten Güter in Form von Sachleistungen am Markt ein. Es findet ein Umwandlungsprozess statt: die erstellten Sachleistungen werden in Zahlungsmittel umgewandelt. Der Prozess heißt **Leistungsverwertung** – respektive in der Terminologie des Industriebetriebs **Absatz**. Er ist sowohl mit dem Abfluss einer Leistung aus dem Unternehmen als einen güterlichen Prozess, der als **Leistungsdistribution** (Vertrieb) bezeichnet wird, als auch mit dem Zufluss von Zahlungsmitteln in das Unternehmen, als einen geldlichen Prozess aus der Verwertung der betrieblichen Leistung am Markt verbunden.

Der geldliche und güterliche Bereich sind somit durch die Transformationsprozesse der Investition und der Leistungsverwertung miteinander verbunden.

2.3 Zielsystem von Unternehmen

Abbildung 17 - Ziele und Zielarten in Unternehmen

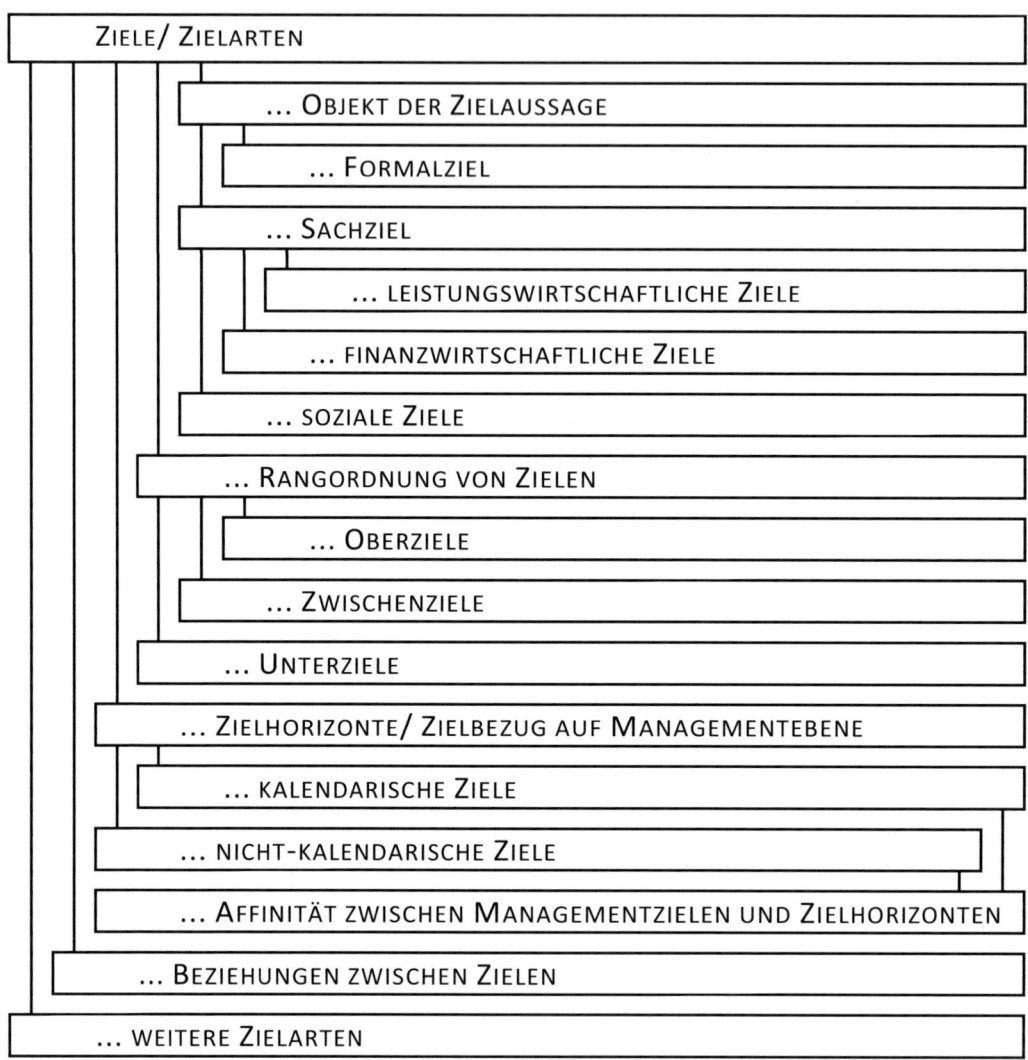

ZIELE/ ZIELARTEN

... OBJEKT DER ZIELAUSSAGE

... FORMALZIEL

... SACHZIEL

... LEISTUNGSWIRTSCHAFTLICHE ZIELE

... FINANZWIRTSCHAFTLICHE ZIELE

... SOZIALE ZIELE

... RANGORDNUNG VON ZIELEN

... OBERZIELE

... ZWISCHENZIELE

... UNTERZIELE

... ZIELHORIZONTE/ ZIELBEZUG AUF MANAGEMENTEBENE

... KALENDARISCHE ZIELE

... NICHT-KALENDARISCHE ZIELE

... AFFINITÄT ZWISCHEN MANAGEMENTZIELEN UND ZIELHORIZONTEN

... BEZIEHUNGEN ZWISCHEN ZIELEN

... WEITERE ZIELARTEN

2.3.1 Ziele und deren Systematisierung

ZIELE/ ZIELARTEN

Ein **Ziel** ist eine individuell mentale Vorstellung über einen gewünschten, anzustrebenden, zukünftigen (Unternehmens-)Zustand einer Situation. Anzustrebende (Unternehmens-)Zustände werden durch zielorientierte Entscheidungen hergestellt. Gekennzeichnet sind Ziele durch ihre

- Zukunftsbezogenheit, d.h. Ziele sollten sein
  - zeitlich begrenzt,
  - in einem gewissen Maß flexibel und sognannte
  - Misserfolge als Lernprozess aufgefasst werden.
- positive Valenz (wünschenswerter, erstrebenswert Zustand), d.h. Ziele sollten sein
  - sinnhaft und motivierend sowie
  - realistisch und erreichbar und
- Bestimmung eines expliziten bzw. impliziten Endzustands einer Situation bestimmbar, d.h. Ziele sollten sein
  - konkret und messbar,
  - bildlich vorstellbar in Form von Visualisierungstechniken und
  - schriftlich, als bereits erreicht formuliert vorliegen.

Da **Wirtschaften**[2] als Entscheiden über knappe Güter definiert wurde, ergibt sich die Bedeutung von Zielen dahingehend, dass sie Orientierungsmarken für die Auswahl von alternativen Handlungsmöglichkeiten darstellen. Ziele sind somit Informationen mit einem imperativen (auffordernden) und handlungssteuernden Aussagegehalt, die jedoch keine Angaben über den Weg zur Zielerfüllung enthalten.

Ziele treten in unterschiedlichen Erscheinungsformen auf, die sich nach mannigfaltigen Gesichtspunkten einteilen lassen

- OBJEKT DER ZIELAUSSAGE,
- RANGORDNUNG VON ZIELEN,

---

2 Siehe auch zu „Wirtschaften" Band 1, Kapitel 1.1

- ZIELHORIZONTE/ ZIELBEZUG AUF MANAGEMENTEBENE,
- BEZIEHUNGEN ZWISCHEN ZIELEN UND
- WEITERE ZIELARTEN.

OBJEKT DER ZIELAUSSAGE

Nach dem Objekt der Zielaussage lassen sich Ziele unterscheiden in

- FORMALZIEL UND
- SACHZIEL.

FORMALZIEL

Das Formalziel ist der gewünschte, anzustrebende zukünftige (Betriebs-)Zustand, um dessentwillen der Betrieb gegründet und unterhalten wird. In einer Marktwirtschaft werden Betriebe nicht aufgrund einer gesamtwirtschaftlichen Aufgabe initialisiert, sondern um einen Nutzen zu stiften bspw. nach Gewinn zu streben, wirtschaftlichen und/ oder politischen Einfluss zu gewinnen sowie bestimmte Wachstumsraten zu erreichen. Diese Beweggründe werden als **Betriebsziel** bzw. **Formalziel** eines Betriebs bezeichnet, und stellen einen sachungebundenen Imperativ dar.

Als Formalziele sind – entsprechend des Kapitals 2.5 [3] – hier exemplarisch genannt: Produktivität, Wirtschaftlichkeit und Rentabilität.

SACHZIEL

Unter dem Zweck eines Betriebs ist seine Aufgabe zu verstehen, die er im Rahmen einer gesamtwirtschaftlichen Sichtweise hat. Der Betrieb als Wirtschaftseinheit erstellt Güter in Form von Sach- und/ oder Dienstleistungen für den Bedarf Dritter (Leistungserstellung) und bietet diese am Markt zum Tausch – meist gegen Geld – an Dritte an (Leistungsverwertung). Der Betrieb trägt dazu

---

[3] Siehe auch zu Maßstäben wirtschaftlichen Handels (Kennzahlen) in Band 2, Kapitel 2.5.

bei, den konkreten Bedarf direkt oder indirekt zu befriedigen. Diese Aufgabe wird als sein Zweck (**Betriebszweck**) oder als **Sachziel** des Betriebs bezeichnet.

Der Betriebszweck ist das Mittel zum Erreichen des Betriebsziels und sämtliche betriebliche Aktivitäten zur Leistungserstellung und -verwertung haben sich diesem Betriebsziel unterzuordnen. Das Sachziel bezieht sich unmittelbar auf betriebliche Entscheidungen, wodurch das Leistungsprogramm des Betriebs in seiner Breite, Tiefe, Menge, Zeit sowie seinem Ort festgelegt ist.

Sachziele lassen sich in die drei Komponenten leistungs- und finanzwirtschaftliche Ziele sowie soziale Ziele zerlegen. Bei diesen drei Zielen dominieren in realen Unternehmen die leistungs- oder finanzwirtschaftlichen Ziele gegenüber den sozialen Zielen.

Dargestellt werden im Einzelnen

- LEISTUNGSWIRTSCHAFTLICHE ZIELE,
- FINANZWIRTSCHAFTLICHE ZIELE UND
- SOZIALE ZIELE.

LEISTUNGSWIRTSCHAFTLICHE ZIELE

Leistungswirtschaftliche Ziele beschreiben Ziele im wirtschaftlichen Realbereich von Unternehmen und stehen in einem engen Zusammenhang mit ihrem Betriebszweck, der Leistungserstellung und -verwertung für den Bedarf Dritter.

Ihren Ausdruck finden leistungswirtschaftliche Ziele in Forschungs- und Entwicklungs-(FuE), Produkt- und Marktzielen. Bei der Festlegung von FuE- sowie Produktzielen geht es um die Bestimmung von Produktarten, -qualitäten, -mengen und -terminfertigstellungen, während die Festlegung der Marktziele mit der Bestimmung von Märkten oder Marktsegmenten, der Marktposition innerhalb eines Marktsegmentes sowie des Umsatzvolumens verbunden ist.

Finanzwirtschaftliche Ziele sind diejenigen Ziele, die sich als monetäre Wertziele beschreiben lassen, mit den Ausprägungsformen als Erlös-, Kosten-, Gewinn- und Liquiditätsziele. Diese Ziele erwachsen aus dem Betriebszweck und damit der leistungswirtschaftlichen Aufgabe des Betriebs, die nur durch den Einsatz unterschiedlicher Faktoren (Betriebsmittel, Leistungsobjekte, ausführende menschliche Arbeit und Dienstgüter) erfüllt werden können.

Für die im Unternehmen eingesetzten Faktoren müssen üblicherweise Entgelte entrichtet werden. Der Betrieb wird bemüht sein, diese durch die Verwertung der betrieblichen Leistung auszugleichen (Kostendeckungsprinzip) und darüber hinaus versuchen, einen Gewinn zu erzielen, der sich aus der Notwendigkeit der Bereitstellung anderswertig verwendbarer Zahlungsmittel, aus der Tätigkeit als Unternehmer sowie aus der Risikoübernahme ableiten lässt. Dem folgend, wird Unternehmen traditionell die singuläre (einzelne) Ausrichtung auf die Gewinnerzielung in Form der Gewinnmaximierung zugeschrieben. Die oft in der betriebswirtschaftlichen Literatur vorgetragene ausschließliche Fixierung der Unternehmen auf das Streben nach Gewinn, stellt eine zu simple Reduzierung der oft komplexen betrieblichen Realität dar.

SOZIALE ZIELE

Neben den beiden ökonomischen Zielkategorien (leistungs- und finanzwirtschaftliche Ziele) existieren Humanziele, die **soziale Ziele** des Unternehmens umfassen und sowohl unternehmensintern, als auch -extern gerichtet sind. Sie schließen auch ökologische Ziele ein.

Soziale Zielsetzungen in Unternehmen resultieren aus der Tatsache, dass jedes Unternehmen selbst sowohl Bestandteil der menschlichen Gesellschaft (unternehmensexterne Betrachtung), als auch ein zielorientierter Zusammenschluss von Menschen ist (unternehmensinterne Betrachtung).

Extern orientierte soziale Zielsetzungen berücksichtigen, dass jeder Betrieb als offenes System in seiner Aufgabe und Verhaltensweise die Bedürfnisse und Anliegen der ihn umgebenden Umwelt berücksichtigen muss. Die Probleme des Umweltschutzes sowie der sorgsame Umgang mit natürlichen Ressourcen müssen ebenso betrieblich aufgegriffen und umgesetzt werden wie politisch motivierte Ziele.

Auch müssen **intern orientierte soziale Zielsetzungen** Berücksichtigung finden, um im Betrieb als soziales System die unterschiedlichen Erwartungen und Wünsche der Gesamtheit der in ihm beschäftigten Menschen in angemessener Weise zu berücksichtigen wie bspw. Fragen der Arbeitsplatzsicherheit, der Mitbestimmung und Mitwirkung der Arbeitnehmer, der betrieblichen Altersversorgung sowie ethische Ziele.

RANGORDNUNG VON ZIELEN

Das Kriterium **Rangordnung von Zielen** führt zu der Unterscheidung von Zielen nach ihrer hierarchischen Beziehung. Zwischen den jeweiligen Zielen besteht eine Mittel-Zweck-Beziehung, die gestaffelt werden in

- OBERZIELE,
- ZWISCHENZIELE UND
- UNTERZIELE.

OBERZIELE

Der Begriff **Oberziel** bezeichnet die oberste Zielsetzung, die der Betrieb mit der höchsten Priorität ansteuert. Diesem Oberziel haben sich alle weiteren Ziele unterzuordnen. Besitzt eine Zielsetzung ein Oberziel bezüglich einer anderen Zielsetzung, dann besteht zwischen beiden eine Mittel-Zweck-Beziehung, da erst durch das Erreichen des untergeordneten Ziels ein Mittel zur Erreichung des übergeordneten Ziels zur Verfügung steht.

Derartige **Mittel-Zweck-Beziehungen** können in der Realität über mehrere Stufen in der Gestalt aufgebaut werden, dass eine übergeordnete Zielsetzung in der nächsten Stufe durch mehrere untergeordnete Zielsetzungen (Zwischenziele) charakterisiert wird und jede dieser untergeordneten Zielsetzungen wiederum untergliedert werden können (Unterziele), so dass eine Verästelung (Hierarchie) von Mittel-Zweck-Beziehungen entsteht.

ZWISCHENZIELE

In einer Kette von Zielen stellen **Zwischenziele** Mittel zur Erreichung der ihm übergeordneten Zielsetzung (Oberziele) und als Zweck eine Orientierungsmarke zur Erreichung der ihm untergeordneten Zielsetzung dar.

UNTERZIELE

Unterziele verkörpern Teilziele (Mittel), durch deren Erreichung übergeordnete Ziele (Zweck) in Form von Zwischen- oder Oberzielen erst realisierbar werden. Unterziele sind somit zur Erreichung von Zwischenzielen ein Mittel und diese wiederum Mittel zur Verwirklichung des Oberzieles eines Unternehmens. Jedes Unterziel sollte dabei so operational sein, dass dieses direkt im Betrieb umgesetzt werden kann.

ZIELHORIZONTE/ ZIELBEZUG AUF MANAGEMENTEBENE

Der zeitliche Bezug von Zielen beschreibt temporäre Aspekte der Erfüllung von Zielerreichungsgraden. Unterschieden wird dabei zwischen dauernden und vorübergehenden Zielen, statischen und dynamischen Zielen, zeitpunkt- und zeitraumorientierten Zielen sowie

- KALENDARISCHE ZIELE UND
- NICHT-KALENDARISCHE ZIELE.

KALENDARISCHE ZIELE

Die Fristigkeit von Zielen orientiert sich an kalendarischen Zeitvorgaben, wobei die einzelnen Zeiträume unternehmensindividuell stark voneinander abweichen können. Zu nennen sind:

- **kurzfristige Ziele**, sie weisen üblicherweise einen Planungshorizont von bis zu einem Jahr auf,
- **mittelfristige Ziele**, sie stellen eine Verbindung der kurzfristigen zu den langfristigen Zielen dar und beschreiben einen Planungshorizont von bis zu drei Jahren sowie

- **langfristige Ziele**, sie charakterisieren einen Planungshorizont von bis zu etwa fünf Jahren.

In der betrieblichen Praxis sind von den kalendarischen Merkmalen entkoppelte Managementebenen bekannt als strategische, taktische und operative Ziele.

- **Strategische Ziele** beziehen sich auf das Gesamtunternehmen und werden ureigens (originär) von der Unternehmensführung festgelegt. Durch sie werden globale, d.h. alle betrieblichen Entscheidungsbereiche betreffende Entscheidungen auf weite Sicht festgelegt und sind in einer gesamtunternehmensbezogenen Globalplanung festzulegen.
- **Taktische Ziele** sind diejenigen Ziele, die unter Ausnutzung unternehmensindividueller Stärken bzw. unter Vernachlässigung wirtschaftlicher Schwächen angestrebt werden und sich auf Funktionsbereiche erstrecken. Sie werden in einer funktionsbereichsorientierten Rahmenplanung fixiert. Strategische Ziele sind für die taktischen Ziele ein vorgegebenes Datum.
- **Operative Ziele** sind detaillierte Ziele, die direkt in den einzelnen Funktionaleinheiten des Unternehmens umzusetzen sind. Bei ihnen liegt die zeitliche Extension der Kurzfristigkeit vor. Operative Ziele sind durch konkrete Zielpunkte (`milestones´) charakterisiert, die ihre Konkretisierung in einer funktionsorientierten Detailplanung finden. Taktische Ziele sind für die operativen Ziele ein vorgegebenes Datum.

AFFINITÄT ZWISCHEN MANAGEMENTZIELEN UND ZIELHORIZONTEN

Tendenziell lässt sich die Zieldifferenzierung im Hinblick auf Managementebene und deren unterschiedlichen Horizonte mit ihrer Einordnung in die strukturellen Vorgaben des Unternehmens beschreiben.

Eine Gegenüberstellung zwischen Managementebenen sowie Zeitbezug und Sachumfang von Zielen veranschaulicht die Abbildung.

Abbildung 18 - Zielartenmatrix

Affinitäts- kriterien Manage- mentebene	Zeitbezug	Sachumfang
strategisch	langfristig	Gesamtunternehmen
taktisch	mittelfristig	Funktionsbereiche
operativ	kurzfristig	Funktionseinheiten

BEZIEHUNGEN ZWISCHEN ZIELEN

Zwischen den Zielen bestehen Verbindungen unterschiedlichster Form. Ziele können zueinander stehen in

- EINER KONFLIKTRELATION VON ZIELEN ODER

- EINER KOMPATIBILITÄTSRELATION VON ZIELEN.

KONFLIKTRELATION VON ZIELEN

Konfliktrelationen zwischen Zielen liegen vor, wenn Ziele in einem Spannungsverhältnis zueinander liegen, d.h. die Verfolgung eines Ziels beeinträchtigt negativ die Erfüllung eines anderen Ziels.

KOMPATIBILITÄTSRELATION VON ZIELEN

Kompatibilitätsrelationen von Zielen liegen vor, wenn Ziele in einem sich ergänzenden Verhältnis stehen. Kompatible Ziele werden unterschieden in komplementäre Ziele oder indifferente Ziele, d.h. die Verfolgung eines Ziels beeinträchtigt die Erfüllung eines anderen Ziels nicht negativ (indifferent) oder die Ziele sind verträglich zueinander (komplementär).

Lassen sich Ziele in Geldeinheiten ausdrücken, so wird von

- **monetären Zielen** gesprochen. Dem gegenüber existieren
- **nicht-monetäre Ziele**, die eine weitere Unterteilung in
- ökonomisch-orientierte Ziele und
- außerökonomisch-orientierte Ziele zulässt.

Aufgrund des Grads der Zielentwicklung sind voneinander abzugrenzen

- **extremale** (unbegrenzte -, Maximal- oder Minimal-)**Ziele** und
- **limitierte** (begrenzte -, Anspruchsniveau-)**Ziele**.

2.3.2 Zielsystem des Betriebs als Wirkungsverbund

Abbildung 19 - Das unternehmerische Zielsystem als Wirkungsverbund

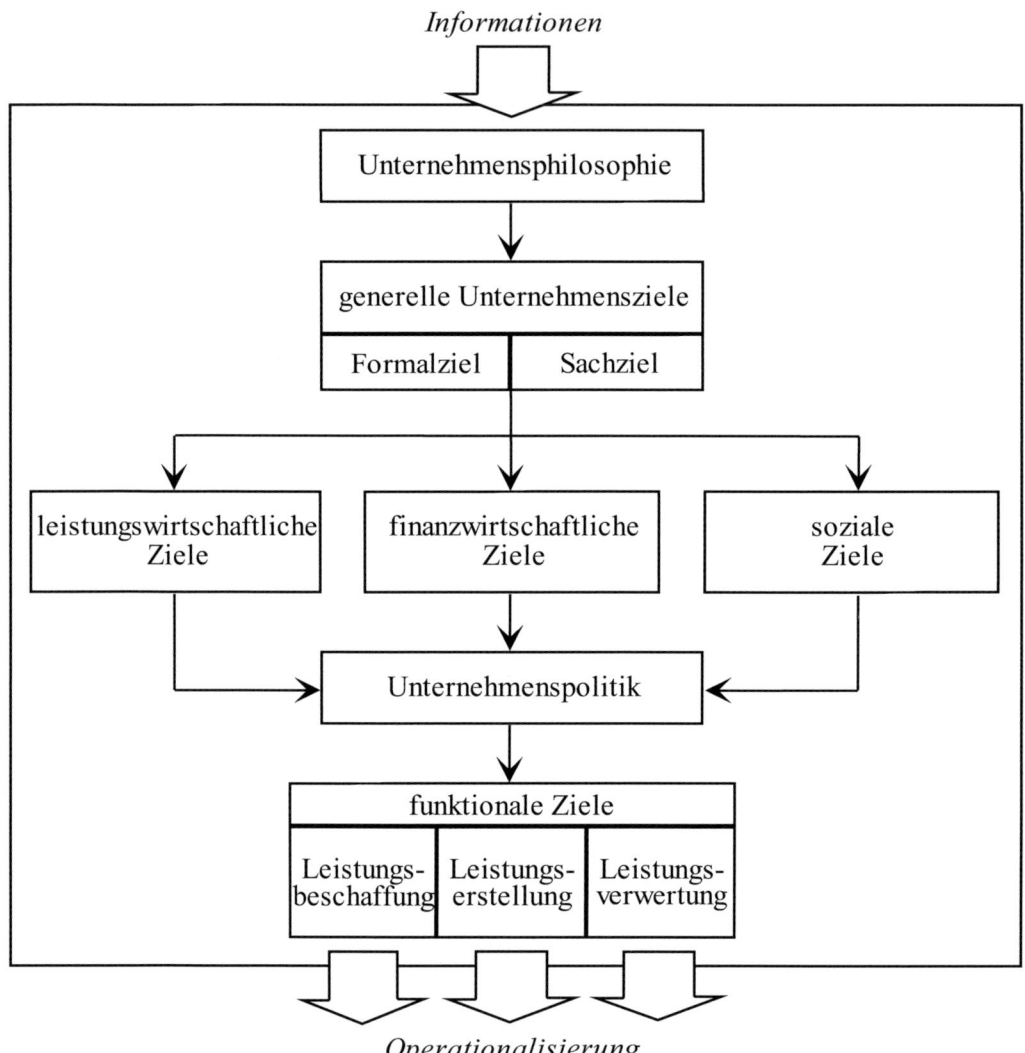

Der Begriff **Hierarchie** beschreibt eine Gebildeordnung, die durch ihr Über- und Unterordnungsverhältnis mindestens zweier, in unterschiedlichen Rangstufen einzuordnender Erscheinungen oder Ziele entsteht.

Ein **Zielsystem** ist ein Bündel von Zielen, die miteinander in Verbindung stehen, meist hierarchisch strukturiert und gleichzeitig angestrebt werden. Ein betriebliches Zielsystem ist dynamisch und pluralistisch. Den Wirkungsverbund des unternehmerischen Zielsystems zeigt die vorstehende Abbildung.

Die primären Unternehmensziele sind die Ziele, die das Unternehmen als System erreichen soll. Unterschieden wird zwischen aufeinander aufbauend

- UNTERNEHMENSPHILOSOPHIE
- GENERELLE UNTERNEHMENSZIELE,
- UNTERNEHMENSPOLITIK UND
- FUNKTIONALE ZIELE.

UNTERNEHMENSPHILOSOPHIE

Als **Unternehmensphilosophie** wird ein System von Wertvorstellungen, Verhaltensnormen, Denk- sowie Handlungsweisen von Entscheidungsträgern verstanden. Sie bildet als genereller Imperativ den Ausgangspunkt einer betrieblichen Zielhierarchie und legt für alle Bereiche des Unternehmens als verbindlich wirkende Verhaltensweisen fest, wobei die Bildung eines gemeinsamen, betrieblichen Wertesystems im Vordergrund der Betrachtung steht (Unternehmenskultur).

GENERELLE UNTERNEHMENSZIELE

Intuitiv oder unter Zugrundelegung einer Unternehmensphilosophie werden **generelle Unternehmensziele** abgeleitet. Sie bilden den Hauptgegenstand einer generellen Zielplanung. Unternehmensziele, verstanden als anzustrebende zukünftige Unternehmenssituationen, bilden die allgemeinen Leitlinien der

Unternehmenspolitik. Sie lassen sich charakterisieren durch ihre Sach- und Formalinhalte in ihren Ausprägungen als (siehe die entsprechenden Links)

- LEISTUNGSWIRTSCHAFTLICHE ZIELE,

- FINANZWIRTSCHAFTLICHE ZIELE UND

- SOZIALE ZIELE.

UNTERNEHMENSPOLITIK

Sind die generellen Unternehmensziele fixiert, so lassen sich entsprechend des zeitlichen Horizonts grobe bis detaillierte Ziele erstellen. Derartige **unternehmenspolitische Ziele** sind für Entscheidungsträger in Unternehmen Orientierungshilfen, so dass oft die von verschiedenen Funktionsbereichen unabhängig voneinander zu treffenden Partialentscheidungen zusammengenommen zur Erfüllung übergeordneter Unternehmensziele beitragen.

Unternehmenspolitische Rahmenfestlegungen limitieren somit das Entscheidungsfeld der nachfolgenden Funktionalziele, wodurch eine Fokussierung und eine für das Gesamtunternehmen effektive Zielsuche und -bewertung vorgenommen werden kann. Da durch unternehmenspolitische Ziele grundsätzliche Zielsetzungen beim weiteren Vorgehen nicht nochmals aufgestellt werden müssen, hat eine langfristig angelegte Unternehmenspolitik einen Rationalisierungseffekt, d.h. Ziele haben neben einer Steuerungsfunktion auch eine Koordinationsfunktion.

FUNKTIONALE ZIELE

Eingebettet in ein System unternehmensphilosophischer, generell unternehmenszielorientierter und unternehmenspolitischer Ziele, haben die Ziele für die einzelnen betrieblichen Aufgaben (Funktionen) und Projekte einen operativen Charakter. Operative Ziele präjudizieren klare Handlungsanweisungen für die Steuerung des Unternehmens.

2.3.3 Zielbildungsprozess (-entscheidungsprozess)

PROZESSSTUFEN DES ZIELBILDUNGSPROZESSES

Die Betriebswirtschaftslehre betrachtet das Wirtschaften wie es sich im Betrieb vollzieht. Wirtschaften bedeutet Entscheiden. Die Aufgabe der Unternehmensführung ist es, über knappe Güter im Hinblick auf ihre Verwendung zur Befriedigung menschlicher Bedürfnisse zu entscheiden, d.h. zu wirtschaften.

Abbildung 20 - Zielbildungsprozess im Betrieb

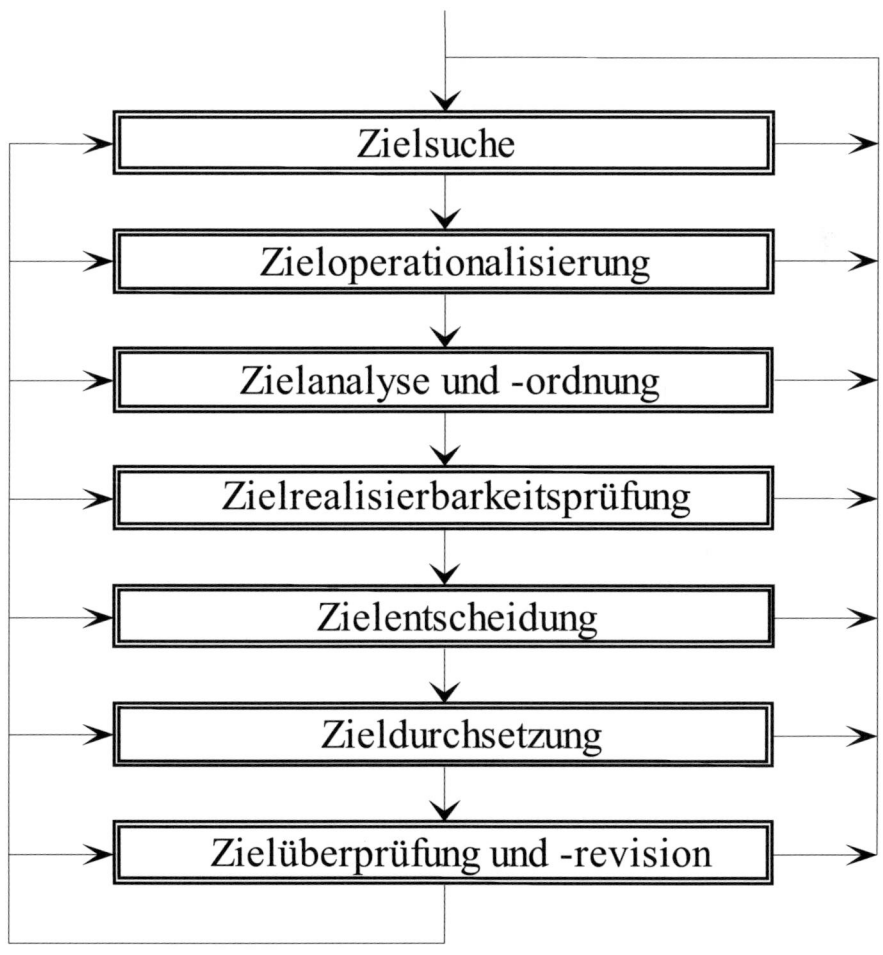

Entscheiden bedeutet in diesem Zusammenhang, eine Auswahl von unterschiedlichen Handlungsalternativen vorzunehmen. Die (Final-)Entscheidungen erfolgen bei rationalem (bewusstem) Verhalten nach dem ökonomischen Prinzip, d.h. menschliches Handeln läuft in bewusster und zielorientierter Form ab, um die betrieblichen Ziele bestmöglich zu erreichen. Der Unternehmensführung kommt als oberste Entscheidungsinstanz die Aufgabe zu, in einem **Zielentscheidungsprozess** die Zielfunktion des Betriebs zu formulieren. Die Bildung von Zielen ist eine notwendige Voraussetzung für das Wirtschaften von Betrieben und verläuft ihrerseits in prozessualen Stufen ab. Den **Zielbildungsprozess** im Betrieb veranschaulicht die folgende Abbildung.

Die anscheinend strenge Abfolge des Gesamtprozesses zur Zielbildung verläuft in der betrieblichen Praxis durch zahlreiche situationsbedingte Rückkopplungen, Verzweigungen und Auslassungen.

Zu nennen sind:

- ZIELSUCHE,
- ZIELOPERATIONALISIERUNG,
- ZIELANALYSE UND −ORDNUNG ,
- ZIELREALISIERBARKEITSPRÜFUNG,
- ZIELENTSCHEIDUNG,
- ZIELDURCHSETZUNG UND SCHLUSSENDLICH UND
- ZIELÜBERPRÜFUNGUND -ZIELREVISION .

ZIELSUCHE

Die Zielsuche ist der eigentliche kreative Prozess innerhalb des Zielbildungsprozesses. Es werden alle möglichen oder denkbaren Ziele durch unterschiedliche Vorgehensweisen generiert, um sicherzustellen, auch die unternehmensadäquaten Ziele zu finden. Die Suche von Zielen findet sowohl auf strategischer, taktischer als auch auf operativer Ebene im Betrieb statt.

ZIELOPERATIONALISIERUNG

Die ermittelten möglichen Ziele sind bezüglich ihrer Inhalte, Ausmaße, Zeiträume, restriktiven Kriterien zur Zielerreichung (finanzielle, sachliche und personelle Nebenbedingungen) sowie Verantwortungsbereiche zur Zielrealisation präzise zu formulieren.

ZIELANALYSE UND –ORDNUNG

Nach der Zielsuche und -operationalisierung schließt sich eine Phase der Ermittlung eines Beziehungsgeflechts von Zielen an. Aufgabe ist es, ein Bündel von Zielen in einer hierarchischen Struktur zu ordnen und somit ein System von Zielen (Zielsystem) mit Ober-, Zwischen- und Unterzielen zu generieren.

ZIELREALISIERBARKEITSPRÜFUNG

Ziele müssen realistisch sein, d.h. sowohl subjektiv als auch objektiv erreichbar. Ziele sollen leistungsmotivierend und nicht leistungshemmend wirken.

ZIELENTSCHEIDUNG

Die Zielentscheidung als finale Festlegung – eventuell bis dahin noch alternativer Zielvorstellungen auf ein Zielsystem – bestimmt die Ziele, die es konkret gilt, durch deren Realisation umzusetzen.

ZIELDURCHSETZUNG

Ziele werden in der Regel nicht autokratisch von einer Entscheidungsinstanz deklaratorisch festgelegt, sondern sind durch einen kooperativ iterativen Prozess als Kompromisslösung zwischen den Zielvorstellungen der einzelnen Instanzen hervorgegangen. Bei einer derartigen Vorgehensweise ist es aufgrund einer weitgehenden Zielakzeptanz bei den betreffenden Struktureinheiten `leicht´, die Ziele durchzusetzen.

ZIELÜBERPRÜFUNG UND -ZIELREVISION

Abweichungen von geplanten Zielen, Änderungen von Umweltparametern oder anderer Voraussetzungen wie bspw. gesetzliche, soziale sowie weitere Rahmenbedingungen sind Anregungen, Ziele oder gar Zielsysteme zu überprüfen und gegebenenfalls teilweise oder total zu korrigieren.

2.4 Produktionsfaktoren

Abbildung 21 - Produktionsfaktoren und deren Ausprägungen – 1 –

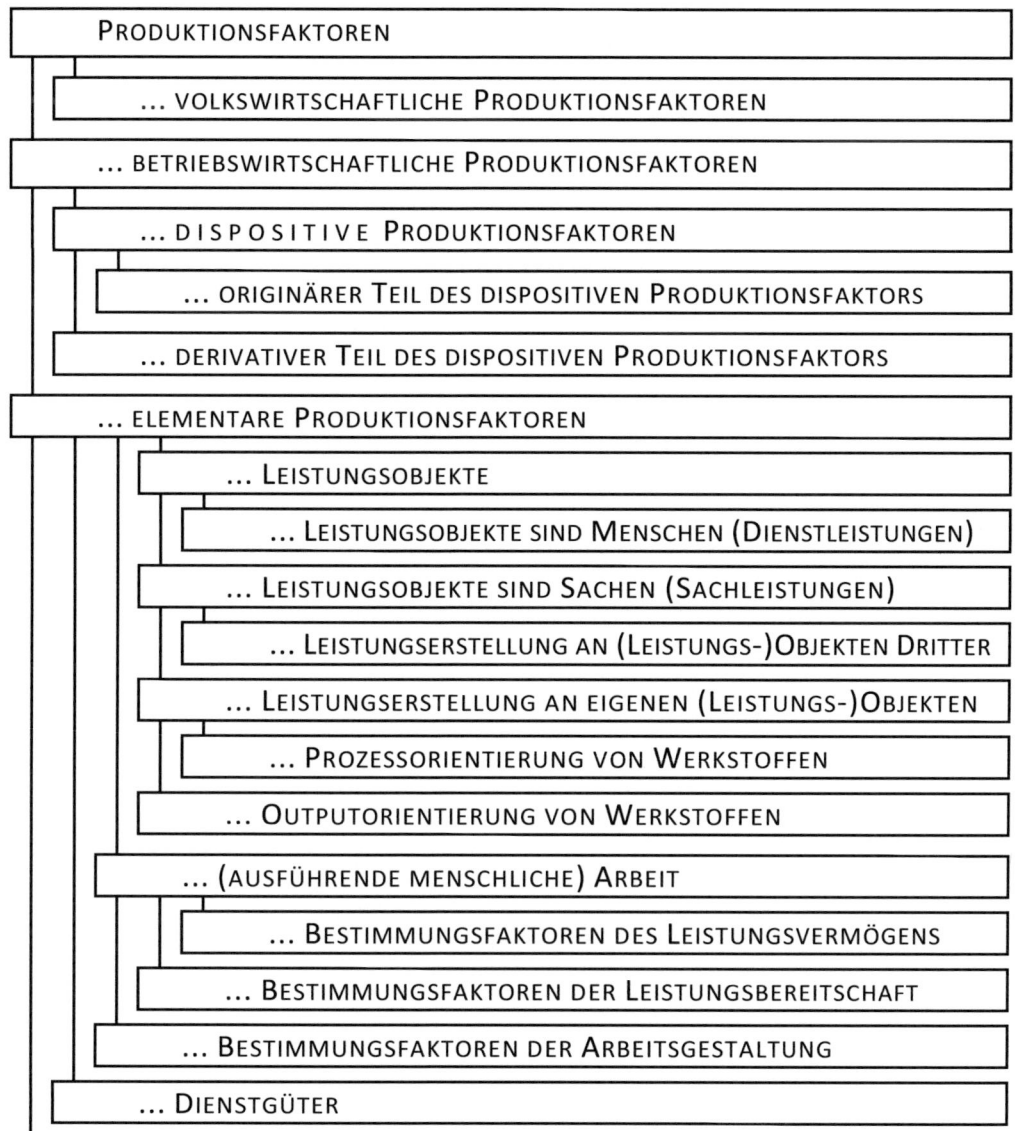

PRODUKTIONSFAKTOREN

... VOLKSWIRTSCHAFTLICHE PRODUKTIONSFAKTOREN

... BETRIEBSWIRTSCHAFTLICHE PRODUKTIONSFAKTOREN

... D I S P O S I T I V E PRODUKTIONSFAKTOREN

... ORIGINÄRER TEIL DES DISPOSITIVEN PRODUKTIONSFAKTORS

... DERIVATIVER TEIL DES DISPOSITIVEN PRODUKTIONSFAKTORS

... ELEMENTARE PRODUKTIONSFAKTOREN

... LEISTUNGSOBJEKTE

... LEISTUNGSOBJEKTE SIND MENSCHEN (DIENSTLEISTUNGEN)

... LEISTUNGSOBJEKTE SIND SACHEN (SACHLEISTUNGEN)

... LEISTUNGSERSTELLUNG AN (LEISTUNGS-)OBJEKTEN DRITTER

... LEISTUNGSERSTELLUNG AN EIGENEN (LEISTUNGS-)OBJEKTEN

... PROZESSORIENTIERUNG VON WERKSTOFFEN

... OUTPUTORIENTIERUNG VON WERKSTOFFEN

... (AUSFÜHRENDE MENSCHLICHE) ARBEIT

... BESTIMMUNGSFAKTOREN DES LEISTUNGSVERMÖGENS

... BESTIMMUNGSFAKTOREN DER LEISTUNGSBEREITSCHAFT

... BESTIMMUNGSFAKTOREN DER ARBEITSGESTALTUNG

... DIENSTGÜTER

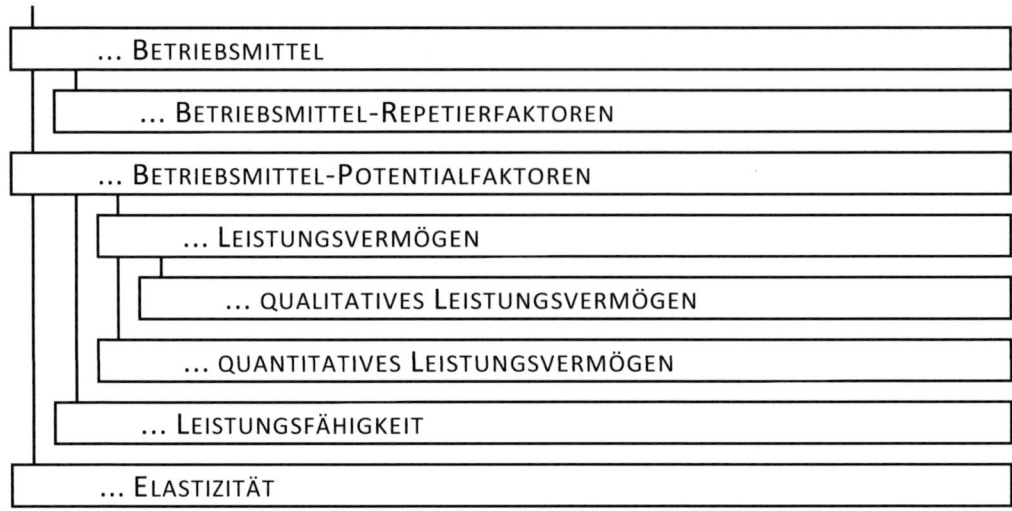

Abbildung 22 - Produktionsfaktoren und deren Ausprägungen – 2 –

PRODUKTIONSFAKTOREN

Produktionsfaktoren stellen diejenigen verschiedenartigen Elemente in Form von Sach- oder Dienstgütern dar, die im Unternehmen eingesetzt werden, um durch einen Kombinationsprozess der Leistungserstellung neue Sach- oder Dienstleistungen hervorzubringen.

Produktionsfaktoren werden unterschiedlich aufgrund ihrer Sichtweisen in den Wirtschaftswissenschaften klassifiziert in

- VOLKSWIRTSCHAFTLICHE PRODUKTIONSFAKTOREN UND
- BETRIEBSWIRTSCHAFTLICHE PRODUKTIONSFAKTOREN.

Die volkswirtschaftliche Sichtweise der Produktionsfaktoren – auch als Produktionsgüter oder Ressourcen bezeichnet – betrachtet die Leistungserstellung als Kombinationsprozess der Faktoren

- ARBEIT,
- BODEN UND
- KAPITAL.

Als Input-Output-Transformation lässt sich die volkswirtschaftliche Sichtweise der Leistungserstellung verdeutlichen.

Abbildung 23 - Volkswirtschaftliche Sichtweise der Leistungserstellung

Arbeit allgemein ist jede manuelle und geistige Tätigkeit eines Menschen, die der Erfüllung einer Aufgabe dient. Arbeit als Produktionsfaktor ist jede menschliche Tätigkeit, die der betrieblichen und staatlichen Leistungserstellung (meist als Einkommenserwerb) dient.

Alle aus der Natur für den Produktionsprozess verwendeten Hilfsquellen, also auch Gewässer, Vegetation und Klima – sogenannte natürliche Ressourcen – werden dem Produktionsfaktor **Boden** zugeordnet. Der Boden dient als Anbaufaktor für die Land- und Forstwirtschaft, Abbaufaktor zur Exploitation von Rohstoffen sowie als Standortfaktor.

Kapital ist ein Produktionsfaktor, der als Produktionshilfsfaktor gesehen wird, zum einen als Geldkapital, zum anderen als Bestand an sachlichen Produktionsmitteln (Sach- bzw. Realvermögen) in festen Anlagen oder beweglicher Form von Vorprodukten und Vorräten (Betriebsvermögen).

Während die Faktoren Arbeit und Boden originäre (ursprüngliche), naturgegebene, nicht aus anderen Elementen ableitbare Produktionsfaktoren darstellen, ist das Kapital ein derivativer (abgeleiteter), durch das Zusammenwirken originärer Elemente entstehender Produktionsfaktor. Die Inputfaktoren (Produktionsfaktoren) werden als Quelle zur Erstellung des Sozialprodukts (Einkommen) aufgefasst.

BETRIEBSWIRTSCHAFTLICHE PRODUKTIONSFAKTOREN

Während die volkswirtschaftliche Sichtweise die Produktionsfaktoren als Quellen des Einkommens auffasst, betrachtet die betriebswirtschaftliche Sichtweise die Faktoren als Bestimmungsgrößen zur Erreichung des Betriebszwecks.

Der Input der betrieblichen Leistungserstellung wird durch alle diejenigen Güter repräsentiert, die zur Kombination des gewünschten Outputs eingesetzt werden müssen. Der Output der betrieblichen Leistungserstellung wird durch die erstellten Leistungen gebildet, wenn diese (Betriebs-)Leistungen im Zuge der Leistungsverwertung zu Marktleistungen transformiert werden.

Abbildung 24 - Modellhafte Darstellung der Leistungserstellung als Input-Output-Transformation

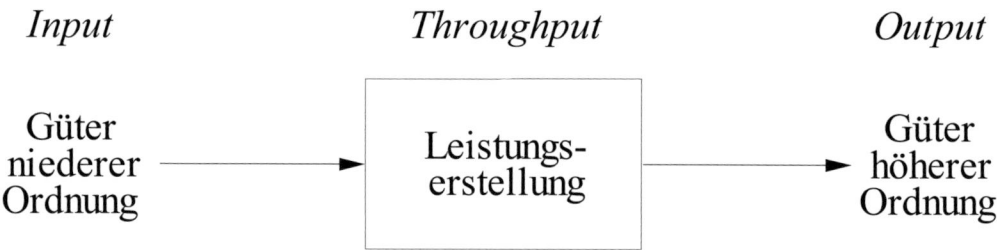

Die Inputgüter werden als Faktoren der Leistungserstellung oder als Produktionsfaktoren bezeichnet. Der Begriff der Leistungserstellung ist umfassender als der Begriff **Produktion**, da der Begriff Produktion auf die Leistungserstellung im Industriebetrieb Bezug nimmt, während die Leistungserstellung neben der Sachgüterproduktion auch die Erstellung von Dienstleistungen mit einbezieht. Der Terminus **Leistungserstellung** wird im Folgenden sowohl als Sachgütererstellung im Sinne der Produktion als auch der Dienstleistung im Sinne der Leistungen (un-)mittelbar an Menschen interpretiert. Der Prozess der betrieblichen Leistungserstellung wird dabei als Prozess der Kombination unterschiedlicher Faktoren der Leistungserstellung aufgefasst.

Abbildung 25 - System der Produktionsfaktoren

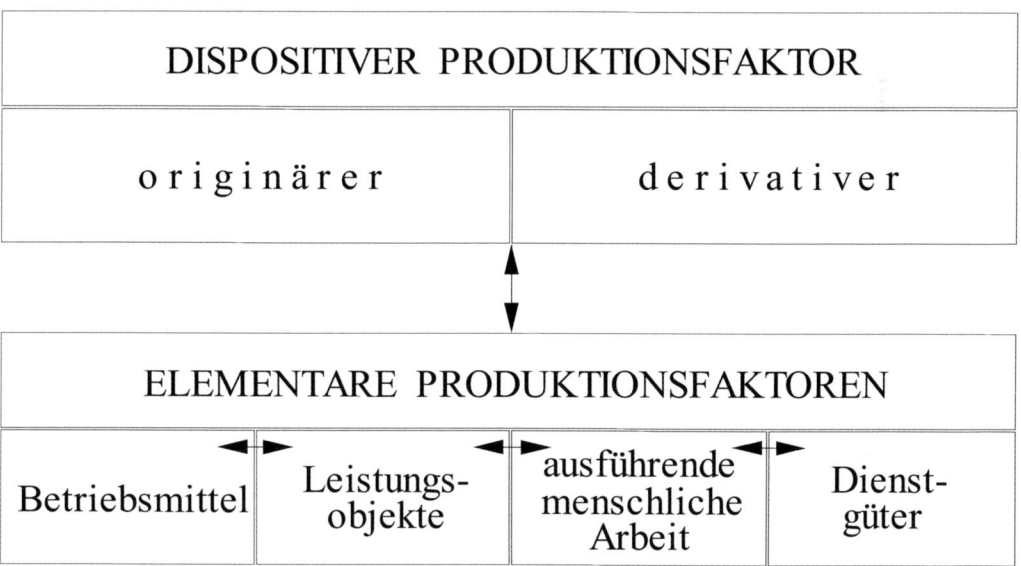

Als Produktionsfaktoren in betriebswirtschaftlicher Sichtweise werden – angelehnt an Gutenberg – als Gruppen gesehen:

die objektbezogenen bzw. elementaren Produktionsfaktoren in Form der Leistungsobjekte, die bei Gutenberg in Anlehnung an einen Industriebetrieb als Werkstoffe bezeichnet werden, der ausführenden menschlichen Arbeit, der

Dienstgüter und der Betriebsmittel, sowie der diese Faktoren ergänzende dispositive Produktionsfaktoren.

Sämtliche Faktoren stehen untereinander in Beziehung, weshalb bei ihnen auch von einem **System von Produktionsfaktoren** gesprochen wird. Dieses ist graphisch in der vorstehenden Abbildung dargestellt. Im Folgenden wird eingegangen auf

- DISPOSITIVE PRODUKTIONSFAKTOREN UND
- ELEMENTARE PRODUKTIONSFAKTOREN.

DISPOSITIVE PRODUKTIONSFAKTOREN

Den funktionsbezogenen dispositiven Produktionsfaktoren obliegen die Zusammenführung der elementaren Produktionsfaktoren sowie ihre Kombination zur Erfüllung des Betriebszwecks. Der **dispositive Produktionsfaktor** enthält als Komponenten die Teile

- ORIGINÄRER TEIL DES DISPOSITIVEN PRODUKTIONSFAKTORS UND
- DERIVATIVER TEIL DES DISPOSITIVEN PRODUKTIONSFAKTORS.

ORIGINÄRER TEIL DES DISPOSITIVEN PRODUKTIONSFAKTORS

Der **originäre Faktor** ist die eigentliche, die betriebliche Prozesse bewegende Kraft, die als **Unternehmensführung** oder **Management** bezeichnet wird. Das Management in seiner originären Form stellt den Prozess der Kombination unterschiedlicher Elementarfaktoren sicher.

DERIVATIVER TEIL DES DISPOSITIVEN PRODUKTIONSFAKTORS

Außer der originären Funktion, der Leitung des Unternehmens kann das Management dispositive Arbeitsleistungen in Form der Planung, (Betriebs-)Organisation und **Kontrolle** des Kombinationsprozesses delegieren, die als abgeleitete (derivative) dispositive Faktoren bezeichnet werden.

Dem derivativen Faktor steht zu

- die **Planung** im Sinne der geistigen Vorwegnahme zukünftigen Handelns durch das Überdenken und Festlegen von Zielen, Maßnahmen, Mitteln und Wegen zur künftigen betrieblichen Zweckerreichung vorzunehmen,
- die **Organisation** im Sinne der strukturierenden Gestaltung des Unternehmens wahrzunehmen sowie
- die **Kontrolle** im Sinne einer Überwachung bspw. durch einen informationellen Abgleich von vergangenheitsorientierten und angestrebten Zuständen zu gewährleisten.

Da diese Funktionen des Managements delegierbar sind, werden sie als derivativer Teil des dispositiven Faktors bezeichnet.

ELEMENTARE PRODUKTIONSFAKTOREN

Die objektbezogenen elementaren Produktionsfaktoren unterscheiden sich in

- LEISTUNGSOBJEKTE,
- (AUSFÜHRENDE MENSCHLICHE) ARBEIT,
- DIENSTGÜTER UND
- BETRIEBSMITTEL.

LEISTUNGSOBJEKTE

Die Leistungsobjekte sind der elementare Produktionsfaktor, auf den sich die unmittelbare Leistungserstellung bezieht.

Der Begriff **Leistungsobjekt** – in der Terminologie eines Industriebetriebs als **Werkstoff** verstanden – ist eine zusammenfassende Bezeichnung für diejenigen Materialien, die als Ausgangs- und Grundstoffe in die (Betriebs- bzw.

Markt-)Leistungen eines Unternehmens einzugehen bestimmt sind. Zu nennen sind die Roh-, Hilfs- und Betriebsstoffe sowie die Zwischen- und Endleistungen.

Die Aufgabe der Leistungsobjekte ist es, für die betriebliche Erstellung und Verwertung von Gütern in Form von Sach- oder Dienstleistungen zur Verfügung zu stehen. Charakteristisch für Leistungsobjekte ist es, dass sie lediglich durch andere Leistungsobjekte austauschbar sind (Substituierbarkeit von Leistungsobjekten). Aufgrund ihres Verbrauchscharakters können gegeneinander abgegrenzt werden

- LEISTUNGSOBJEKTE SIND MENSCHEN (DIENSTLEISTUNGEN) UND
- LEISTUNGSOBJEKTE SIND SACHEN (SACHLEISTUNGEN).

LEISTUNGSOBJEKTE SIND MENSCHEN (DIENSTLEISTUNGEN)

Dienstleistungen sind Leistungen, die (un-)mittelbar an Menschen vollzogen werden.

Betriebe, die Dienstleistungen anbieten – sog. **Dienstleistungsbetriebe** – sind demzufolge Unternehmen, deren Betriebszweck in der Erstellung (**Betriebsleistung**) und Verwertung (**Marktleistung**) von Dienstleistungen besteht.

Marktleistungen sind Leistungen, die vom Markt abgenommen werden, während Betriebsleistungen Leistungen sind, die zwar betrieblich erstellt, jedoch noch nicht am Markt abgenommen sind. **Betriebsleistungen** sind demzufolge eine Vorstufe zu der eigentlichen (Final-)Phase, in der die Betriebsleistung durch ihre Verwertung zur Marktleistung wird.

Betriebe, die Dienstleistungen am Markt anbieten, beginnen ihre Leistungserstellung jedoch erst, wenn sich die betreffende Person oder deren Sachen als Objekte der Leistungsverwertung zur Verfügung stellen. Die (Dienst-)Leistungen werden angeboten, wenn eine Vereinbarung bezüglich der zu erstellenden Leistung sowie einer Gegenleistung existiert, d.h. vor ihrer Erstellung ist die zu erstellende Dienstleistung bereits verwertet. Da aufgrund der Synchronität bei Dienstleistungen nicht zwischen Markt- und Betriebsleistung unterschieden werden kann, sind sämtliche Dienstleistungen auch Marktleistungen.

Die Besonderheit von Dienstleistungen besteht darüber hinaus darin, dass die Individuen, an denen sich die Leistungserstellung vollziehen soll, aktiv den

Kombinationsprozess der Leistungserstellung individuell beeinflussen können und somit auch Garanten der Leistungserstellung sind.

LEISTUNGSOBJEKTE SIND SACHEN (SACHLEISTUNGEN)

Sachleistungen sind sämtliche Leistungen, die unmittelbar an Sachgütern als Gebrauchs- oder Verbrauchsgut erbracht werden.

Betriebe, die Sachleistungen anbieten, sog. **Sachleistungsbetriebe,** sind Unternehmen, deren Betriebszweck in der Erstellung (**Betriebsleistung**) und Verwertung (**Marktleistung**) von Sachleistungen besteht.

Bei der Sachleistungserstellung werden zwei Fälle unterschieden

- LEISTUNGSERSTELLUNG AN (LEISTUNGS-)OBJEKTEN DRITTER UND
- LEISTUNGSERSTELLUNG AN EIGENEN (LEISTUNGS-)OBJEKTEN.

LEISTUNGSERSTELLUNG AN (LEISTUNGS-)OBJEKTEN DRITTER

Die Leistungserstellung wird an Objekten vollzogen, die Dritte dem Unternehmen zur Verfügung stellen wie bspw. bei Reparaturwerkstätten der Pkw. Das Leistungsobjekt entzieht sich bei der Leistungserstellung weitgehend der betrieblichen Verfügbarkeit. Diese Leistungserstellung weist insofern eine Ähnlichkeit zu der Leistungserstellung von Dienstleistungen auf. Das Leistungsobjekt steht lediglich auf einen gewissen Zeitraum und für einen bestimmten Zweck der Einflussnahme des Unternehmens zur Verfügung, damit der Betrieb die vereinbarte Leistung erbringen kann.

Darüber hinaus müssen die Eigentümer der Leistungsobjekte aktiv den Kombinationsprozess individuell durch Aufträge und Forderungen ihren Bedürfnissen entsprechend zum Ausdruck bringen können.

Ebenso wie bei der Dienstleistung ist die erstellte Leistung sogleich Marktleistung, da die Leistungsverwertung ohne zwischengeschaltete Läger (Ausgangs–, Zwischen- und Endlager) erfolgt und in diesen Unternehmen keine Betriebsleistungen existieren. Die in der Realität vorzufindenden Läger sind ausschließlich Warte- oder Abholläger, in denen sich die vereinbarten Leistungen (Marktleistungen) befinden.

LEISTUNGSERSTELLUNG AN EIGENEN (LEISTUNGS-)OBJEKTEN

Die Leistungserstellung an eigenen Leistungsobjekten vorzunehmen, ist die klassische - und in der betriebswirtschaftlichen Literatur auf einen Industriebetrieb bezogene - Erscheinungsform. Die Leistungsobjekte werden als der Faktor Werkstoff bezeichnet.

Als **Werkstoff** werden sämtliche Güter charakterisiert, aus denen durch Umwandlung, Substanzveränderungen oder Einbau neue Güter hergestellt werden. Der überwiegende Teil dieser Güter ist bereits von anderen Betrieben gewonnen, erzeugt oder bearbeitet worden, so dass das finale Gut des einen Betriebs das Ausgangsgut für einen weiteren Betrieb ist.

Ist ein Werkstoff geeignet für die Erstellung einer Leistung, so wird er als produktions- oder **outputgerecht** bezeichnet; von einem **prozessgerechten Werkstoff** wird gesprochen, wenn er für den Leistungserstellungsprozess förderlich ist. Werkstoffe werden nach zwei Gesichtspunkten eingeteilt, nach der

- PROZESSORIENTIERUNG VON WERKSTOFFEN UND
- OUTPUTORIENTIERUNG VON WERKSTOFFEN.

PROZESSORIENTIERUNG VON WERKSTOFFEN

Bei ihrer prozessorientierten Betrachtung werden diese Güter als Betriebsstoffe beschrieben. **Betriebsstoffe** sind Sachgüter, die bei der Leistungserstellung und -verwertung sukzessiv aufgezehrt werden, ohne jedoch Bestandteil der zu erstellenden Leistung zu sein. Sie werden im betrieblichen Prozess von den Betriebsmittel-Potentialfaktoren repetitiv (wiederholend) verbraucht.

OUTPUTORIENTIERUNG VON WERKSTOFFEN

Die outputorientierte Betrachtung von Werkstoffen lässt diese Güter beschreiben als Rohstoffe, Hilfsstoffe, Vorprodukte und Handelswaren.

- **Rohstoffe** sind Güter, die in die betriebliche Leistung als *wesentliche* Bestandteile eingehen.

- **Hilfsstoffe** sind Güter, die in die betriebliche Leistung als *unwesentliche* Bestandteile eingehen.
- Zu den **Vorprodukten** zählen Güter, die sich als Werkstoffe in der Form von Halbzeugen, Halbfabrikaten, Fremdteilen, Normteilen sowie Baugruppen beschreiben lassen.
- **Halbzeuge** sind handelsüblich vorgeformte Rohstoffe wie Bleche und Profile,
- **Halbfabrikate** sind – auch als unfertige Erzeugnisse anzusehende – Werkstoffe sowie vorgefertigte Teile nach Eigenentwürfen bei Guss-und Schmiedestücken,
- unter **Fremdteile** werden fremdbezogene Fertigteile und Aggregate verstanden wie bspw. Batterien, Lichtmaschinen oder Autoreifen,
- **Normteile** sind genormte Massenteile wie bspw. Schrauben und Muttern, während
- **Baugruppen** bereits fertige Gegenstände sind, die aus mehreren Teilen bestehen wie bspw. Fahrgestell, Fahrzeugachsen oder Kabelbäume.
- **Handelswaren** nehmen unter den Werkstoffen eine Sonderposition ein, da sie fertig bezogene Sachgüter darstellen, die ohne Bearbeitung weiterverkauft, und somit zu Sachleistungen werden.

(AUSFÜHRENDE MENSCHLICHE) ARBEIT

Arbeit im betriebswirtschaftlichen Sinne ist jede Tätigkeit eines Individuums zur Realisierung betrieblicher Zielsetzungen. Sowohl körperliche als auch geistige Tätigkeiten sind Arbeit.

Differenziert wird die Arbeit in ausführende (exekutive) und verwaltende (administrative) Tätigkeiten sowie planende, gestaltende und anweisende (dispositive) Arbeit, wobei der dispositive Faktor als eigenständiger Produktionsfaktor gesehen wird.

Die objektbezogene, ausführende menschliche Arbeit steht in unmittelbarem Zusammenhang mit der Leistungsbeschaffung, -erstellung und -verwertung; auch die geistige Arbeit zählt dazu, soweit sie nicht dispositiven Charakter besitzt.

Die im betrieblichen Kombinationsprozess der Leistungsbeschaffung, -erstellung und -verwertung erbrachten menschlichen Arbeitsleistungen werden durch unterschiedliche Faktoren beeinflusst. Diese Einfluss- oder Bestimmungsfaktoren der Arbeitsleistung lassen sich grob in drei Gruppen einteilen

- BESTIMMUNGSFAKTOREN DES LEISTUNGSVERMÖGENS,
- BESTIMMUNGSFAKTOREN DER LEISTUNGSBEREITSCHAFT UND
- BESTIMMUNGSFAKTOREN DER ARBEITSGESTALTUNG.

BESTIMMUNGSFAKTOREN DES LEISTUNGSVERMÖGENS

Die Faktoren zur Bestimmung des **Leistungsvermögens** eines Menschen sind im allgemeinen exogene Parameter, d.h. das Unternehmen hat in der Regel nur geringe Einflussmöglichkeiten, diese Parameter zu verändern. So besteht eine betriebliche Möglichkeit, das Leistungsvermögen eines Menschen durch Maßnahmen der betrieblichen Aus- und Weiterbildung zu verändern, jedoch immer mit dem Wagnis, das so erhöhte Leistungsvermögen nicht selbst als Aus- und Weiterbildungsbetrieb nutzen zu können. Zu den Faktoren des Leistungsvermögens sind zu zählen die körperliche Verfassung, die Begabung, die Ausbildung, die Fertigkeiten und die Berufserfahrung.

BESTIMMUNGSFAKTOREN DER LEISTUNGSBEREITSCHAFT

Im Rahmen der (ausführenden menschlichen) Arbeit kann das Unternehmen direkt auf die Leistungsbereitschaft im Kombinationsprozess der betrieblichen Leistungserstellung Einfluss nehmen. Als endogene Parameter, auf die Einfluss genommen werden kann, sind bspw. zu nennen die **Entlohnung** und **psychologische Einflussgrößen**.

BESTIMMUNGSFAKTOREN DER ARBEITSGESTALTUNG

Ebenso wie auf die Bereitschaft eine Arbeitsleistung im Unternehmen zu erbringen, kann auch auf die Arbeitsgestaltung von betrieblicher Seite her Einfluss genommen werden. Die Faktoren der Arbeitsleistung sind endogene Parameter, bei denen der Betrieb unter Wahrnehmung wirtschaftlicher Prinzipien direkt durch entsprechende Maßnahmen entscheidenden Einfluss nehmen kann. Die betriebliche Einflussnahme ist möglich auf das Verfahren der Leistungserstellung, die Arbeitsplatz-, Arbeitsraum- und Arbeitszeitgestaltung.

DIENSTGÜTER

Neben den Produktionsfaktoren der Leistungsobjekte, (ausführende menschliche) Arbeit sowie Betriebsmittel existieren zusätzliche Faktoren, die sich außerhalb des Unternehmens – durch Dritte als Fremdfaktoren – befinden und zur Erstellung und Verwertung von Gütern in Form von Sach- und/ oder Dienstleistungen herangezogen werden.

Der Unterschied dieser externen Faktoren zu den internen Produktionsfaktoren besteht darin, dass sich diese der autonomen Disponierbarkeit entziehen. Die externen Faktoren sind in der erforderlichen Ausprägung nicht durch das Unternehmen beschaffbar, sondern können nur durch den Abnehmer selbst eingebracht werden. Zu den Dienstgütern gehören

fremdbezogene Dienstgüter durch Dienstleistungsbetriebe wie Banken, Versicherungen, Beratungs- und Prüfungsgesellschaften, Werbeagenturen ebenso wie Handelsbetriebe und Speditionen,

indirekte Dienstgüter in Form von Sach- oder Dienstgütern des Staats, die unterstützend im Unternehmen wirken wie bereitgestellte Infrastrukturen des Staats auf Bundes-, Landes- und/ oder Gemeindeebene sowie

Umweltbeanspruchung im Sinne von **Zulässigkeitsbarrieren** im Zusammenhang mit der Umwelt. Der Faktor Umwelt wird je nach Rahmenbedingungen in unterschiedlichen Ausprägungen dem Unternehmen zur Nutzung unentgeltlich zur Verfügung gestellt.

BETRIEBSMITTEL

Der Begriff **Betriebsmittel** umfasst alle im Unternehmen lang nutzbaren technischen Güter wie bspw. Grundstücke und Gebäude, Maschinen und maschinelle Anlagen, Werkzeuge, Transport- und Verkehrsmittel sowie Büroeinrichtungen, d.h., alle materiellen Güter, die nicht Dienstgüter, menschliche Arbeit und Leistungsobjekte sind. Die Funktion der Betriebsmittel ist in der Unterstützung der Aufgaben des Produktionsfaktors ausführende menschliche Arbeit bei der Leistungserstellung zu sehen.

Aufgrund ihrer Gebrauchs- oder Verbrauchsmöglichkeit der Betriebsmittel sind abzugrenzen

- BETRIEBSMITTEL-REPETIERFAKTOREN UND
- BETRIEBSMITTEL-POTENTIALFAKTOREN.

BETRIEBSMITTEL-REPETIERFAKTOREN

Betriebsmittel-Repetierfaktoren sind Sachgüter, die im Rahmen der Leistungserstellung und -verwertung wiederholt (repetitiv) bei der Abgabe von Leistungen der Betriebsmittel-Potentialfaktoren eingesetzt und sukzessiv verbraucht werden. Die Betriebsmittel-Repetierfaktoren werden dem elementaren Produktionsfaktor Leistungsobjekt zugeordnet und dort aufgrund ihrer prozessorientierten Betrachtung als Betriebsstoffe bezeichnet.

BETRIEBSMITTEL-POTENTIALFAKTOREN

Die **Betriebsmittel-Potentialfaktoren** sind Bestandsfaktoren, die − im Gegensatz zu den Betriebsmittel-Repetierfaktoren − bei ihrer Leistungsabgabe nicht untergehen, sondern mehrfach im Kombinationsprozess der Leistungserstellung und -verwertung eingesetzt werden. Die Betriebsmittel-Potentialfaktoren werden lediglich im Prozess der Leistungserstellung und -verwertung gebraucht. Charakteristisch für die Betriebsmittel-Potentialfaktoren ist, dass sie gegen den Faktor ausführende, menschliche Arbeit austauschbar sind und `vice versa´. Als Bestimmungsfaktoren für die Auswahl eines Betriebsmittel-Potentialfaktors lassen sich nennen

- LEISTUNGSVERMÖGEN,

- LEISTUNGSFÄHIGKEIT UND

- ELASTIZITÄT.

LEISTUNGSVERMÖGEN

Unter **Leistungsvermögen** (Kapazität, Leistungspotential) eines Betriebsmittel-Potentialfaktors wird die in einem bestimmten Betrachtungszeitraum abgebbare Leistungsmenge verstanden. Betriebsmittel-Potentialfaktoren besitzen ein Bündel an Nutzungsmöglichkeiten.

Mit der Zuführung eines Betriebsmittel-Potentialfaktors in das Unternehmen erwirbt das Unternehmen dessen gesamtes Leistungspotential, das es aufgrund adäquater Entscheidungen in den verschiedenen Leistungserstellungsprozessen verbraucht. Der **Nutzungsgrad** des Leistungsvermögens ist das Verhältnis der technisch realisierbaren Kapazität zu der tatsächlichen Ausnutzung der Kapazität. Das Gesamtleistungsvermögen der gesamten Betriebsmittel-Potentialfaktoren im Unternehmen ist abhängig von der einzelnen Teilkapazität des einzelnen Betriebsmittels.

Der Verbrauch des Leistungsvermögens von Betriebsmittel-Potentialfaktoren findet sukzessiv statt und wird durch die Berücksichtigung von Wertminderungen (Abschreibungen) im Rahmen des Betrieblichen Rechnungswesens erfasst. Dort werden **Abschreibungen** gebildet unter Zuhilfenahme unterschiedlicher **Abschreibungsformen**. Die Kapazität eines Betriebsmittel-Potentialfaktors weist zwei Eigenschaften auf

- QUALITATIVES LEISTUNGSVERMÖGEN UND

- QUANTITATIVES LEISTUNGSVERMÖGEN.

QUALITATIVES LEISTUNGSVERMÖGEN

Das **qualitative Leistungsvermögen** beschreibt die Eigenart und die Güte des Betriebsmittel-Potentialfaktors unterschiedliche Leistungen abzugeben sowie die Vielfalt realisierbarer Qualitätsnormen.

Das **quantitative Leistungsvermögen** wird durch die Dimension Leistungsmenge je Zeiteinheit (ME/ZE) ausgedrückt. Es ergeben sich bei der Bestimmung des quantitativen Leistungsvermögens die Maximal-, Minimal-, Engpass- sowie die Optimalkapazität.

- **Maximalkapazität** ist die technisch bedingte obere Leistungsgrenze eines Betriebsmittel-Potentialfaktors, bei der die höchstmögliche Leistungsmenge erstellt wird;
- **Minimalkapazität** ist die technisch bedingte untere Leistungsgrenze eines Betriebsmittel-Potentialfaktors, bei der ein Mindestmaß an Menge erstellt wird. Das Betriebsmittel ist nur leistungsfähig, wenn es mit einer gewissen Leistungsmenge in Anspruch genommen wird;
- **Engpasskapazität** ist die technisch bedingte maximale Leistungsgrenze eines Betriebsmittel-Potentialfaktors. Bei der Ausrichtung auf die Gesamtleistung der Betriebsmittel-Potentialfaktoren ist besonders derjenige zu betrachten, der die geringste Kapazität aufweist; er ist die Engpasskapazität;

Während sich die minimalen und maximalen Kapazitäten nach den technischen Vorgaben richten, ist die **Optimalkapazität** eine ökonomisch bedingte Größe. Sie ist durch die Leistungsmenge gekennzeichnet, die vom wirtschaftlichen Standpunkt aus die optimale ist, d.h. diejenige, die das geringste **Kosten-Leistungs-Verhältnis** aufweist.

Die **Leistungsfähigkeit** ist charakterisiert durch die Wirtschaftlichkeit des Einsatzes des Betriebsmittel-Potentialfaktors im betrieblichen Leistungserstellungsprozess. Die Leistungsfähigkeit von Betriebsmittel-Potentialfaktoren wird in den Modernitäts- und Abnutzungsgrad sowie den Zustand der Betriebsfähigkeit eingeteilt.

Der **Grad der Modernität** gibt die technische Aktualität des Betriebsmittelbestands wieder; dabei wird unterstellt, dass die Leistungsfähigkeit neuer Betriebsmittel größer ist als die Leistungsfähigkeit alter Betriebsmittel.

Der **Abnutzungsgrad** eines Betriebsmittels, zeigt das Verhältnis vom gesamten möglichen Leistungspotential zum bereits in Anspruch genommenen Leistungsvermögen auf.

Die konstante Leistungsabgabe des Betriebsmittels ist die **Betriebsfähigkeit**, die durch systematische Vorkehrungen bezüglich Modernität und Abnutzungsgrad gewährleistet werden kann. Treten Mängel an der Betriebsfähigkeit auf, so wird die Leistungsfähigkeit des Betriebsmittels eingeschränkt und führt zu Störungen im Kombinationsprozess der Leistungserstellung.

ELASTIZITÄT

Die betriebstechnische **Elastizität** der Betriebsmittel ist dadurch gekennzeichnet, dass diese an veränderte Bedingungen im Grad der Häufigkeit und der Tiefe der leistungstechnischen Umstellungen anpasst werden können.

Ist es möglich, einen Betriebsmittel-Potentialfaktor für ein breites Spektrum von Verwendungsrichtungen in unterschiedliche betriebliche Leistungserstellungsprozesse einzusetzen, so wird von einem **elastischen Betriebsmittel** gesprochen wie bspw. bei Universalmaschinen. Die Betriebsmittel, die lediglich in der Lage sind eine einzige Art von Leistung abzugeben, und dies bisweilen auch nur mit einer festgelegten Arbeit (Intensität), werden als **starre Betriebsmittel** bezeichnet.

2.5 Maßstäbe wirtschaftlichen Handelns (Kennzahlen)

Abbildung 26 - Maßstäbe wirtschaftlichen Handelns (Kennzahlen)

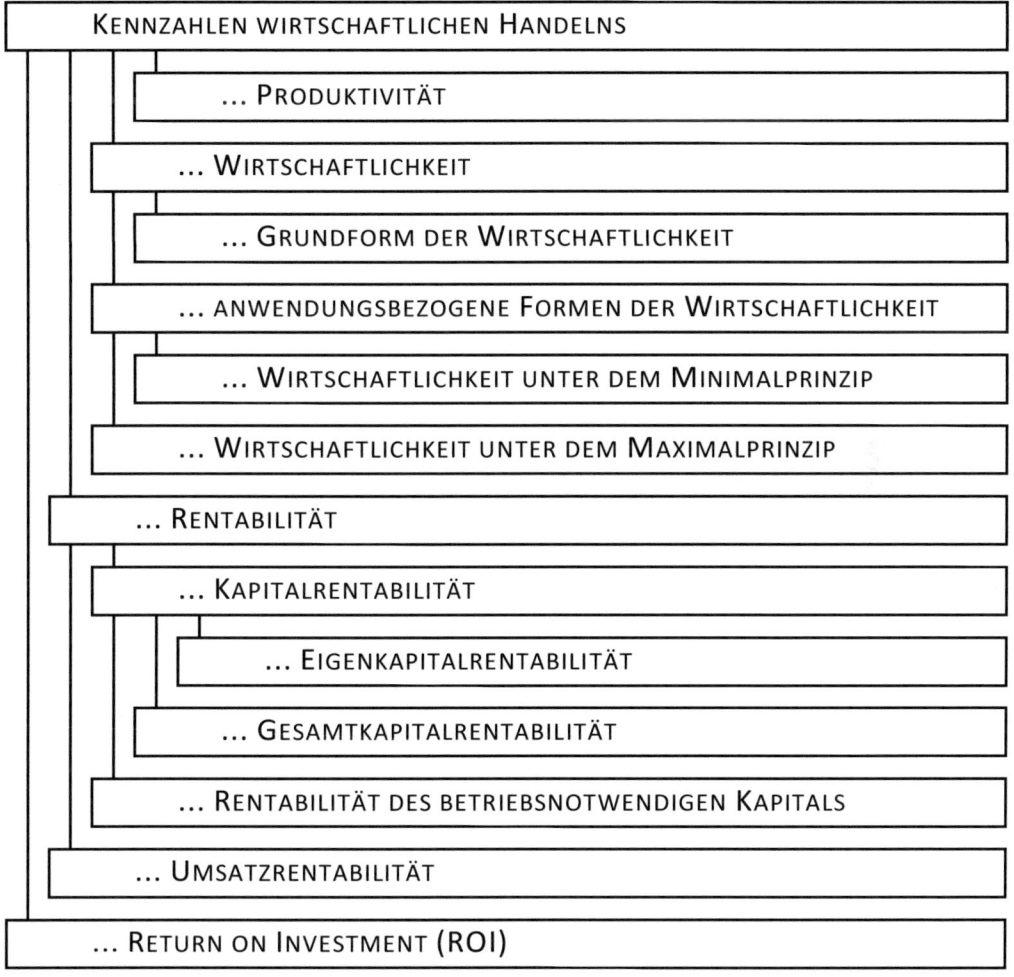

Kennzahlen sind Maßstäbe wirtschaftlichen Handelns, dargestellt in Form von Relations- oder Differenzgrößen, die den Erfolg als das Ergebnis der betrieblichen Kombination von Produktionsfaktoren zum Zwecke der Leistungserstellung und –verwertung wiedergeben.

Absolute (Erfolgs-)Kennzahlen sind Differenzgrößen zwischen Ertrag und Aufwand. Der Aussagewert ist singulär betrachtet gering und nur in zeitlicher Abfolge als gehaltvoll zu betrachten.

Die Beurteilung des Erfolgs ist ausschließlich sinnvoll, wenn die betrachteten Größen, durch die sich der Erfolg konstituiert, zueinander in Beziehung gesetzt werden, als (Erfolgs-)Relationen gebildet werden. Für die Bildung von Relationsgrößen können unterschiedliche Bezugsgrößen in Betracht kommen, so dass aufgrund verschiedenartiger Relationsbeziehungen sehr heterogene Kennzahlen beobachtet werden.

In der betrieblichen Praxis orientieren sich letztlich sämtliche Relationsgrößen am ökonomischen Prinzip. Basierend auf dem Rationalprinzip wird dies zumeist fokussiert auf einige wenige Relationskennzahlen.

- PRODUKTIVITÄT,
- WIRTSCHAFTLICHKEIT,
- RENTABILITÄT UND
- RETURN ON INVESTMENT (ROI)

PRODUKTIVITÄT

Die Produktivität ist eine (Erfolgsrelations-)Kennzahl, die sich aus unternehmensinternen Größen ermitteln lässt. Sie wird in der Literatur auch als technische Ergiebigkeit, technische Wirtschaftlichkeit beziehungsweise Technizität bezeichnet. Diese lässt sich beschreiben als Verhältnis zwischen hervorgebrachter Leistung und verbrauchten (Produktions-) Einsatzfaktoren, das heißt dem Verhältnis von Ausbringungsmenge (Outputmenge als mengenmäßiger

Ertrag) und Einsatzmenge (Inputmenge als mengenmäßiger Produktionsfaktoreneinsatz). Sie drückt die Ergiebigkeit der betrieblichen Kombination von unterschiedlichen Produktionsfaktormengen aus.

Die Produktivität ist unabhängig vom jeweiligen Wirtschaftssystem oder dem Zielsystem eines Betriebs zu betrachten.

Die Ermittlung einer Globalproduktivität von Outputmengen zu Inputmengen als Gesamtmenge der Produktionsfaktoren gestaltet sich als schwierig, da weder die Outputmengen (Produktionsleistung) noch die Inputmengen (Produktionsfaktoren) qualitativ stabil sind und eine Summation unterschiedlich dimensionierter Input- und Outputgrößen grundsätzlich nicht möglich ist. Der Herausforderung der Globalproduktivitätsbestimmung wird dadurch entgegengewirkt, dass **Partialproduktivität**en zur Beurteilung herangezogen werden. Dabei handelt es sich um Kennzahlen, bei denen die Outputmengen der Faktorkombination auf die Inputmenge einer Produktionsfaktorart bezogen werden. Somit wird die Schwierigkeit der heterogenen Dimensionalität der qualitativ unterschiedlichen Faktoren umgangen. Als Einsatzmengen kommen beispielsweise Arbeitsstunden, Material- und Energiemengen zum Ansatz.

$$Produktivität = \frac{Outputmenge}{Inputmenge}$$

Die Produktivität als rein technische Relationsgröße hat als singuläre Kennzahl für die Steuerung eines Betriebs nur sekundäre Bedeutung, da wegen der fehlenden Bewertung von Produktionsfaktoren eine praktische Relevanz nicht besteht. Über die Wirtschaftlichkeit des Betriebs wird nichts ausgesagt. Die Produktivität kann sehr hoch sein, wenn beispielsweise die Erhöhung der Outputmenge durch die Substitution von Einsatzfaktoren "erkauft" worden ist.

Für die Beurteilung unterschiedlich dimensional bestimmter Faktoreinsatzmengen ist es notwendig, die heterogenen Quantitäten durch eine eindimensionale Bewertung gleichwertig zu machen.

Die Wirtschaftlichkeit ist eine (Erfolgsrelations-)Kennzahl, die ebenfalls wie die Produktivität aus unternehmensinternen Größen gebildet wird, jedoch geht sie im Vergleich zur Produktivität auf die monetär bewerteten Output- und Inputgrößen ein. Die Wirtschaftlichkeit ist unabhängig vom Wirtschaftssystem oder dem Zielsystem eines Betriebs. Sie lässt sich einteilen in die:

- GRUNDFORM DER WIRTSCHAFTLICHKEIT UND

- ANWENDUNGSBEZOGENE FORMEN DER WIRTSCHAFTLICHKEIT.

GRUNDFORM DER WIRTSCHAFTLICHKEIT

Die **Grundform der Wirtschaftlichkeit** wird beschrieben als Output-Input-Verhältnis, als Relation von Istgrößen. Darstellbar ist die Wirtschaftlichkeit in dieser Grundform in den Ausprägungen als

$$(\textit{Ertrags-})Wirtschaftlichkeit = \frac{Ertrag}{Aufwand}\ oder$$

$$(\textit{Kosten-})Wirtschaftlichkeit = \frac{Leistung}{Kosten}$$

Bei der Grundform der Wirtschaftlichkeit handelt es sich um eine den Dividend und Divisor der Produktivität bewertende, betriebswirtschaftliche Kennzahl. Die jeweiligen Mengengrößen zur Ermittlung der Istgrößen werden monetär bewertet, womit die Wirtschaftlichkeit abhängig von den Veränderungen der Beschaffungs- und Verwertungspreise ist, sämtliche Größen in der Gleichung sind variabel.

Auch die Verwendung konstanter Preise lässt die Aussagefähigkeit aufgrund einer fehlenden Bezugsbasis als wenig sinnhaft erscheinen.

ANWENDUNGSBEZOGENE FORMEN DER WIRTSCHAFTLICHKEIT

Ob ein Betrieb wirtschaftlich ist, richtet sich nach dem Minimal-(Sparsamkeits-) oder Maximal-(Ergiebigkeits-)Prinzip. Diese anwendungsbezogenen Formen der Wirtschaftlichkeit sind ein Maß für die Einhaltung des erwerbswirtschaftlichen Prinzips (ökonomisches Prinzip / Rationalitätsprinzip).

Je nachdem, ob das ökonomische Prinzip in seiner Ergiebigkeit (Maximalprinzip) oder Sparsamkeit (Minimalprinzip) angestrebt wird, stellt sich die Wirtschaftlichkeit jeweils unterschiedlich dar als:

- WIRTSCHAFTLICHKEIT UNTER DEM MINIMALPRINZIP UND
- WIRTSCHAFTLICHKEIT UNTER DEM MAXIMALPRINZIP.

WIRTSCHAFTLICHKEIT UNTER DEM MINIMALPRINZIP

Wirtschaftlichkeit wird entsprechend **des Sparsamkeitsprinzips** beschrieben als das Verhältnis zwischen geringstem monetären Input (bewertete Sollgröße) und dem tatsächlich realisierten monetären Output (bewertete Istgröße). Ihre Ausprägungen findet die Wirtschaftlichkeit unter dem Minimalprinzip als

$$W_{min} = \frac{Sollkosten}{IstKosten} \; oder \; W_{min} = \frac{Sollaufwand}{Istaufwand}$$

In der Formulierung der Wirtschaftlichkeit als Sparsamkeitsprinzip kann sie Werte aus dem Intervall von Null (totale Unwirtschaftlichkeit) bis 1 (höchste Wirtschaftlichkeit) annehmen.

WIRTSCHAFTLICHKEIT UNTER DEM MAXIMALPRINZIP

Wirtschaftlichkeit als Ergiebigkeitsprinzip beschreibt das Verhältnis zwischen dem tatsächlich ermittelten Output (bewertete Istgröße) und der höchstmöglich erachteten Leistung (bewertete Sollleistung). Ihre Ausprägungen findet die Wirtschaftlichkeit unter dem Maximalprinzip als

$$W_{max} = \frac{Istertrag}{Sollertrag} \; oder \; W_{max} = \frac{Istleistung}{Sollleistung}$$

In der Formulierung der Wirtschaftlichkeit als Ergiebigkeitsprinzip kann sie Werte aus dem Intervall von Null (totale Unwirtschaftlichkeit) bis 1 (höchste Wirtschaftlichkeit) annehmen.

RENTABILITÄT

Die Rentabilität ist eine Kennzahl, die sich aus dem Verhältnis von meist extern determinierten (Erfolgs-) Größen wie Eigen- und Fremdkapital ergibt. Sie ist Ausdruck für die Ergiebigkeit des eingesetzten Kapitals oder des erzielten Erfolgs.

Zwischen Rentabilität und Liquidität besteht eine wechselseitige Relation, je höher die Liquidität, desto niedriger ist die Rentabilität, denn je mehr liquide Mittel als Barreserve zur Verfügung gehalten werden, desto schlechter ist deren mögliche Verzinsung und umso weniger Fremdkapital kann aufgenommen werden.

Als Rentabilitätskennzahlen im Betrachtungszeitraum sollen beispielsweise genannt werden die:

- KAPITALRENTABILITÄT UND
- UMSATZRENTABILITÄT.

KAPITALRENTABILITÄT

Je nachdem, welche Kapitalgröße und welche Gewinngröße bei der Rentabilitätsbetrachtung eingesetzt werden, lassen sich unterschiedliche Rentabilitätskennzahlen nennen. Als Kapitalgrößen können eingesetzt werden

- das nominelle Eigenkapital (beispielsweise Grundkapital),
- das bilanzmäßige Eigenkapital (Grundkapital und Rücklagen),
- das bilanzmäßige Gesamtkapital (Eigenkapital und Fremdkapital) und
- das betriebsnotwendige Kapital (Gesamtkapital abzüglich betriebsfremden Kapitals).

Ebenso müssen unterschiedliche Gewinngrößen berücksichtigt werden, je nachdem, auf welche man sich bezieht. Es ergibt sich die:

- EIGENKAPITALRENTABILITÄT,
- GESAMTKAPITALRENTABILITÄT UND
- RENTABILITÄT DES BETRIEBSNOTWENDIGEN KAPITALS.

EIGENKAPITALRENTABILITÄT

Die **Eigenkapitalrentabilität** beschreibt das Verhältnis des erwirtschafteten Gewinns zum Eigenkapital und zeigt, in welcher Höhe sich das Eigenkapital verzinst.

$$i_{EK} = \frac{Gewinn}{Eigenkapital} \cdot 100 \; [\%]$$

Der **Gewinn** ermittelt sich aus den Erträgen abzüglich sämtlichen Aufwendungen inklusive Steuern.

$$Gewinn = Erträge - Aufwendungen$$

Eigenkapital besteht aus dem gezeichneten Kapital (Grundkapital). Das gezeichnete Kapital sind die dem Unternehmen von ihren Eigentümern ohne zeitliche Begrenzung zur Verfügung gestellten Mittel. Bei der Aktiengesellschaft ist es das Kapital, auf das die Haftung der Gesellschafter für die Verbindlichkeiten gegenüber Gläubigern beschränkt ist (§272 Abs. 1 Satz 1 HGB).

GESAMTKAPITALRENTABILITÄT

Die **Gesamtkapitalrentabilität** beschreibt das Verhältnis sämtlicher erwirtschafteter Größen aus Gewinn und Fremdkapitalzinsen zum gesamten eingesetzten Kapital in Form von Eigen- und Fremdkapital.

$$i_{GK} = \frac{Gewinn + Fremdkapitalzinsen}{Eigenkapital + Fremdkapital} \cdot 100 \; [\%]$$

Zum **Fremdkapital** gehören die dem Unternehmen aufgrund von Schuldverpflichtungen für begrenzte Zeit überlassenen Mittel. Sie sind Leistungsverpflichtungen eines Unternehmens, die juristisch erzwingbar sind und eine wirtschaftliche Belastung für das Unternehmen darstellen.

Fremdkapitalzinsen sind für die Überlassung fremden Kapitals zu begleichende Nutzungsentgelte. Neben dem Gewinn hat das Unternehmen auch die Fremdkapitalzinsen erarbeitet, weshalb sie bei der Ermittlung des Gesamtkapitals wirtschaftlich berücksichtigt werden müssen.

Die Rentabilität des betriebsnotwendigen Kapitals beschreibt das Verhältnis des durch die betriebstypischen Aktivitäten erzielten Gewinns sowie die Zinsen für Fremdkapital auf betriebsnotwendiges Kapital zum gesamten betriebsnotwendigen Kapital.

$$i_{GK\,notw.} = \frac{\text{(Betriebs-)Gewinn} + \text{Zinsen für betriebsnotw. Kapital}}{\text{betriebsnotw. Kapital}} \cdot 100\,[\%]$$

Der (Betriebs-)Gewinn ermittelt sich aus der Leistung abzüglich der Kosten.

$$\text{(Betriebs-)Gewinn} = \text{Leistung} - \text{Kosten}$$

Das betriebsnotwendige Kapital ermittelt sich wie folgt:

> nicht abnutzbares Anlagevermögen
> + abnutzbares Anlagevermögen
> = betriebsnotwendiges Anlagevermögen
> + betriebsnotwendiges Umlaufvermögen
> = betriebsnotwendiges Vermögen
> - Abzugskapital (als zinsfreies Fremdkapital
> = **betriebsnotwendiges Kapital**

Die Zinsen für das betriebsnotwendige Kapital sind die für die Überlassung des betriebsnotwendigen, fremdfinanzierten Kapitals zu begleichenden Nutzungsentgelte.

UMSATZRENTABILITÄT

Die **Umsatzrentabilität** beschreibt das Verhältnis der vom Unternehmen erzielten Marktleistung (Gewinn und Fremdkapitalzinsen) zum Umsatz.

$$i_U = \frac{\text{Gewinn} + \text{Fremdkapitalzinsen}}{\text{Umsatz}} \cdot 100\,[\%]$$

Anstelle des (Gesamt-)Gewinns wird auch der betriebstypische Gewinn durch die Eliminierung von neutralen Aufwendungen und Erträgen verwendet.

Return on Investment (ROI)

Der **Return on Investment (ROI)** entspricht einer erweiterten Form der Gesamtkapitalrentabilität. Der Return on Investment gibt Auskunft über die Rentabilitätsbewegungen bei einer Veränderung der Umsatzrentabilität (Nettoumsatzrendite) oder des Kapitalumschlags.

$$\frac{\text{Gewinn} \cdot 100}{\text{Kapital}} = \frac{\text{Gewinn} \cdot 100}{\text{Umsatz}} \cdot \frac{\text{Umsatz}}{\text{Kapital}}$$

$$\text{ROI} = \text{Umsatzrentabilität} \cdot \text{Umschlagshäufigkeit des Kapitals}$$

Wird eine bestimmte Gesamtkapitalrentabilität vorgegeben, so kann die Umsatzrentabilität umso kleiner sein, je größer der Kapitalumschlag ist.

Die Kennzahl **Kapitalumschlag** beschreibt, wie häufig das im Unternehmen vorhandene Kapital über den Einsatz der Produktionsfaktoren und deren Umwandlung im Prozess der Leistungserstellung und -verwertung einen geldlichen Prozess im Unternehmen auslöst. Ist der Kapitalumschlag hoch, so bedeutet dies eine gute Ausnutzung des Kapitals, trotz niedriger Umsatzrentabilität eine gute Gesamtkapitalrentabilität und über einen erneuten Kapitaleinsatz kann im Unternehmen wiederholt entschieden werden.

3 Konstitutionaler Rahmen von Betrieben

Siehe Betriebswirtschaftslehre – eine Einführung in hierarchischen Modulen – Band 3.

4 Konstitutionaler Rahmen: privatrechtliche Rechtsformen von Betrieben

Siehe Betriebswirtschaftslehre – eine Einführung in hierarchischen Modulen – Band 4.

5 Konstitutionaler Rahmen: Unternehmenswendepunkte

Siehe Betriebswirtschaftslehre – eine Einführung in hierarchischen Modulen – Band 5.

6 Institutionaler Rahmen von Betrieben

Siehe Betriebswirtschaftslehre – eine Einführung in hierarchischen Modulen – Band 6.

Sachwortregister

Nutzung des Sachwortregisters:

Den Begriffsinhalt zum Sachwort finden Sie, in dem Sie der Seitenzahl oder dem (blauen) Pfeil folgen.

Das Modul, in dem das Sachwort steht, finden Sie in der Kapitelangabe.

A

Abnutzungsgrad - > 56 -> 2.4

Absatz - > 21 -> 2.2.2

Abschreibungen -> 54 -> 2.4

Abschreibungsformen -> 54 -> 2.4

Affinität zwischen Managementzielen und Zielhorizonten -> 29 -> 2.3.1

anwendungsbezogene Formen der Wirtschaftlichkeit -> 60 -> 2.4

Ansatz, systemorientierter ->systemorientierter Ansatz -> 8 -> 2.2.1

Arbeit -> 41 -> 2.4

Arbeit, ausführende menschliche -> (ausführende menschliche) Arbeit -> 50 -> 2.4

(ausführende menschliche) Arbeit -> 50 -> 2.4

Ausführungssystem -> 17 -> 2.2.2

Außenfinanzierung -> 19 -> 2.2.2

außerökonomisch-orientierte Ziele -> 31 -> 2.3.1

äußerste Komplexität -> 9 -> 2.2.1

äußerste Komplexität und sozio-technisches Gefüge -> 9 -> 2.2.1

Außenfinanzierung -> 19 -> 2.2.2

außerökonomisch-orientierte Ziele -> 31 -> 2.3.1

Autonomieprinzip -> 7 -> 2.1

B

Baugruppen -> 49 -> 2.4

Beschaffung -> 21 -> 2.2.2

Bestimmungsfaktoren der Arbeitsgestaltung -> 51 -> 2.4

Bestimmungsfaktoren der Leistungsbereitschaft -> 51 -> 2.4

Bestimmungsfaktoren des Leistungsvermögens -> 50 -> 2.4

Bestimmungsfaktoren, systemdifferente -> systemdifferente Bestimmungsfaktoren -> 6 -> 2.1

Bestimmungsfaktoren, systemindifferente -> systemindifferente Bestimmungsfaktoren -> 5 -> 2.1

Betrieb -> 5 -> 2.1

Betrieb -> Betrieb/ Unternehmen/ Firma -> 5-> 2.1

Betrieb, öffentlicher -> öffentlicher Betrieb -> 6 -> 2.1

Betrieb, privatrechtlicher -> privatrechtlicher Betrieb -> Unternehmung -> 7 -> 2.1

Betriebsfähigkeit -> 56 -> 2.4

Betriebsleistung -> 46 -> 2.4

Betriebsleistungen -> 46 -> 2.4

Betriebsmittel -> 53 -> 2.4

Betriebsmittel, elastische -> elastischen Betriebsmittel -> 56 -> 2.4

Betriebsmittel, starre -> starre Betriebsmittel -> 56 -> 2.4

Betriebsmittel-Potentialfaktor -> Betriebsmittel-Potentialfaktoren -> 53 -> 2.4

Betriebsmittel-Repetierfaktor -> Betriebsmittel-Repetierfaktoren -> 53 -> 2.4

Betriebsstoffe -> 48 -> 2.4

betriebswirtschaftliche Produktionsfaktoren -> 42 -> 2.4

Betrieb/ Unternehmen/ Firma -> 5 -> 2.1

Betriebsziel -> Formalziel -> 24 -> 2.3.1

Betriebszweck -> Sachziel -> 24 -> 2.3.1

Beziehungen zwischen Zielen -> 30 -> 2.3.1
Boden -> 41 -> 2.4
C
Controlling -> 16 -> 2.2.2
Controllingsystem -> 15 -> 2.2.2
D
derivativer Teil des dispositiven Produktionsfaktors -> 44 -> 2.4
Dienstgüter, fremdbezogene -> fremdbezogene Dienstgüter -> 51 -> 2.4
Dienstleistungsbetriebe -> 46 -> 2.4
dispositive Produktionsfaktoren -> 44 -> 2.4
Dynamik von Unternehmen -> 9 -> 2.2.1
E
Eigenkapitalrentabilität -> 63 -> 2.4
Einflussgrößen, psychologische -> psychologische Einflussgrößen -> 51 -> 2.4
elastischen Betriebsmittel -> 56 -> 2.4
Elastizität -> 56 -> 2.4
Elementaraufgaben -> 16 -> 2.2.2
elementare Produktionsfaktoren -> 45 -> 2.4
Engpasskapazität -> 55 -> 2.4
Entlohnung -> 51 -> 2.4
Entscheidungsprozess -> Zielentscheidungsprozess -> 37 -> 2.3.3
Entscheidungsprozess -> Führungssystem -> 13 -> 2.2.2
Ergiebigkeitsprinzip -> Maximal-(Ergiebigkeits-)Prinzip -> 5 -> 2.1
erwerbswirtschaftliche Prinzip -> 7 -> 2.1
Extern orientierte soziale Zielsetzungen -> 26 -> 2.3.1
extremale Ziele -> 31 -> 2.3.1
F
Faktor, originärer -> originärer Faktor -> 44 -> 2.4
finanzwirtschaftliche Ziele -> 26 -> 2.3.1
Firma -> 6 -> 2.1
Formalziel -> 24 -> 2.3.1
fremdbezogene Dienstgüter -> 51 -> 2.4
Fremdkapital -> Rentabilität -> 62 -> 2.5
Fremdkapitalzinsen-> Gesamtkapitalrentabilität -> 63 -> 2.5
Fremdteile -> 49 -> 2.4
Führungssystem -> 13 -> 2.2.2
funktionale Ziele -> 34 -> 2.3.2
G
Geld -> 19 -> 2.2.2
geldliche Prozesse im Ausführungssystem -> 19 -> 2.2.2
generelle Unternehmensziele -> 33 -> 2.3.2
Gesamtkapitalrentabilität -> 63 -> 2.4
Gewinn -> Formalziel -> 24 -> 2.3.1
Gewinn -> Eigenkapitalrentabilität -> 63 -> 2.5
Gewinn -> erwerbswirtschaftliche Prinzip -> 7 -> 2.1
Gewinn -> Gesamtkapitalrentabilität -> 63 -> 2.5
Globalproduktivität -> 59 -> 2.5
Grad der Modernität -> 55 -> 2.4
Grundform der Wirtschaftlichkeit -> 60 -> 2.5
Güter, indirekte -> indirekte Dienstgüter -> 52 ->2.4
güterliche Prozesse im Ausführungssystem -> 21 -> 2.2.2

H

Halbfabrikate -> 49 -> 2.4

Halbzeuge -> 49 -> 2.4

Handelswaren -> 49 -> 2.4

Hierarchie -> 33 -> 2.3.1

Hierarchie -> von Zielen -> 27 -> 2.3.1

Hierarchie/ Zielsystem -> 32 -> 2.3.2

Hilfsstoffe -> 49 -> 2.4

I

indirekte Dienstgüter -> 52 -> 2.4

Informationen -> 15 -> 2.2.2

Informationen, lokale -> lokale Informationen -> 15 -> 2.2.2

Informationen, qualitative -> qualitative Informationen -> 15 -> 2.2.2

Informationen, quantitative -> quantitative Informationen -> 15 -> 2.2.2

Informationen, temporäre -> temporäre Informationen -> 15 -> 2.2.2

Informationssystem -> 14 -> 2.2.2

Informationsversorgungssystem -> 14 -> 2.2.2

Informationsverwendungssystem -> 15 -> 2.2.2

Innenfinanzierung -> 20 -> 2.2.2

intern orientierte soziale Zielsetzungen -> 27 -> 2.3.1

JK

kalendarische Ziele -> 28 -> 2.3.1

Kapazität -> 54 -> 2.4

Kapital -> 42 -> 2.4

Kennzahlen -> 58 -> 2.4

Kombination von Produktionsfaktoren -> Kombination von Produktionsfaktoren -> 5-> 2.1

Kompatibilitätsrelationen -> 30 -> 2.3.1

Kompatibilitätsrelation von Zielen -> 30 -> 2.3.1

Konfliktrelationen -> 30 -> 2.3.1

Konfliktrelation von Zielen -> 30 -> 2.3.1

Kontrolle -> 45 -> 2.4

Konzept des `schwarzen Kastens´-> Abbildung 14 - Das Konzept des `Schwarzen Kastens´ -> 12 -> 2.2.2

Koordination, systemgestaltende -> systemgestaltende Koordination des Controllings -> 16 -> 2.2.2

Koordination, systemverbindende -> systemverbindende Koordination des Controllings -> 16 -> 2.2.2

Kosten-Leistungs-Verhältnis -> 55 -> 2.4

kurzfristige Ziele -> 28 -> 2.3.1

L

langfristige Ziele -> 29 -> 2.3.1

Leistungsvermögen, qualitatives -> qualitatives Leistungsvermögen -> 54 -> 2.4

Leistungsvermögen, quantitatives -> quantitatives Leistungsvermögen -> 55 -> 2.4

Leistungspotential -> 54 -> 2.4

limitierte Ziele -> 31 -> 2.3.1

Liquiditätsprinzip -> 5 -> 2.1

M

Management -> 44 -> 2.4

Marktleistung -> 46 -> 2.4

Marktleistungen -> 46 -> 2.4

Maximal-(Ergiebigkeits-)Prinzip -> 5 -> 2.1

Maximalkapazität -> 55 -> 2.4

Minimalkapazität -> 55 -> 2.4

Minimal-(Sparsamkeits-)Prinzip -> 5 -> 2.1

mittelfristige Ziele -> 28 -> 2.3.1

Mittel-Zweck-Beziehungen -> 27 -> 2.3.1

Modell des Systems Unternehmen -> 11 -> 2.2.2

Modernität, Grad der -> Grad der Modernität -> 55 -> 2.4

monetären Ziele -> 31 -> 2.3.1

N

nicht-kalendarische Ziele -> nicht-kalendarische Ziele -> 29 -> 2.3.1

nicht-monetäre Ziele -> nicht-monetäre Ziele -> 31 -> 2.3.1

Normteile -> 49 -> 2.4

Nutzungsgrad -> 54 -> 2.4

O

Oberziele -> 27 -> 2.3.1

Objekt der Zielaussage -> 24 -> 2.3.1

Offenheit von Unternehmen -> 9 -> 2.2.1

öffentlicher Betrieb -> 6 -> 2.1

öffentlicher Betrieb und Verwaltung -> 6 -> 2.1

ökonomisch-orientierte Ziele -> 31 -> 2.3.1

Operative Ziele -> 29 -> 2.3.1

Optimalkapazität -> 55 -> 2.4

Organisation -> 45 -> 2.4

Organprinzip -> 6 -> 2.1

originäre Faktor -> 44 -> 2.4

originärer Teil des dispositiven Produktionsfaktors -> 44 -> 2.4

outputgerechter Werkstoff -> 48 -> 2.4

Outputorientierung von Werkstoffen -> 48 -> 2.4

P

Partialproduktivität -> 59 -> 2.5

Planung -> 45 -> 2.4

Prinzip der Planerfüllung -> 66 -> 2.1

Prinzip des Gemeineigentums -> 6 -> 2.1

Prinzip, erwerbswirtschaftliche -> erwerbswirtschaftliche Prinzip -> 7 -> 2.1

Prinzip, ökonomisches -> ökonomisches Prinzip -> 31 -> 2.4

Privateigentum -> 7 -> 2.1

Probabilität von Unternehmen -> 10 -> 2.2.1

Produktion -> 43 -> 2.4

Produktionsfaktor, derivativer Teil des -> derivativer Teil des dispositiven Produktionsfaktors -> 44 -> 2.4

Produktionsfaktor, originärer Teil des -> originärer Teil des dispositiven Produktionsfaktors -> 44 -> 2.4

Produktionsfaktoren, dispositive -> dispositive Produktionsfaktoren -> 44 -> 2.4

Produktionsfaktoren, elementare -> elementare Produktionsfaktoren -> 45 -> 2.4

Produktionsfaktoren, System von -> Abbildung 25 - System der Produktionsfaktoren -> 43 -> 2.4

Produktionsfaktoren -> Abbildung 22 - Produktionsfaktoren und deren Ausprägungen – 2 – -> 40 -> 2.4

Produktivität -> 58 -> 2.5

Prozessstufen des Zielbildungsprozesses -> 35 -> 2.3.3

QR

Rentabilität des betriebsnotwendigen Kapitals -> 64 -> 2.5

Return on Investment (ROI) -> 65 -> 2.5

Rohstoffe -> 48 -> 2.4

S

Sachleistungen -> 47 -> 2.4

Sachleistungsbetriebe -> 47 -> 2.4

Sachziel -> 24 -> 2.3.1

soziale Ziele -> 26 -> 2.3.1
starre Betriebsmittel -> 56 -> 2.4
Strategische Ziele -> 29 -> 2.3.1
System -> 8 -> 2.2.1
systemdifferente Bestimmungsfaktoren -> 6 -> 2.1
Systemeigenschaften von Unternehmen -> 8 -> 2.2.1
systemgestaltende Koordination des Controllings -> 16 -> 2.2.2
systemindifferente Bestimmungsfaktoren -> 5 -> 2.1
systemorientierter Ansatz -> 8 -> 2.2.1
Systemtheorie -> 8 -> 2.2.1
systemverbindende Koordination des Controllings -> 17 -> 2.2.2
T
Taktische Ziele -> 29 -> 2.3.1
U
Umsatz -> 64 -> 2.5
Umsatzrentabilität -> 64 -> 2.5
Umsatzrentabilität -> Return on Investment (ROI) -> 65 -> 2.5
Unternehmen -> Betrieb/ Unternehmen/ Firma -> 5 -> 2.1
Unternehmensführung -> 44 -> 2.4
Unternehmensphilosophie -> 33 -> 2.3.2
Unternehmensziele, generelle -> generelle Unternehmensziele -> 33-> 2.3.2
Unternehmung -> 7 -> 2.1
Unterziele -> 28 -> 2.3.1
V
Vermögen, betriebsnotwendiges -> betriebsnotwendiges Vermögen -> 64 > 2.5
volkswirtschaftliche Produktionsfaktoren -> 41 -> 2.4
W
weitere Zielarten -> 31 -> 2.3.1
Werkstoff -> 45 -> 2.4
Werkstoff, outputgerechter -> outputgerechter Werkstoff -> 48 -> 2.4
Werkstoff, Outputorientierung von -> Outputorientierung von Werkstoffen -> 48 -> 2.4
Werkstoff, prozessgerechter -> prozessgerechten Werkstoff -> 48 -> 2.4
Werkstoff, Prozessorientierung von -> Prozessorientierung von Werkstoffen -> 48 -> 2.4
Wirtschaftlichkeit, anwendungsbezogene Formen der
        -> anwendungsbezogene Formen der Wirtschaftlichkeit -> 60 -> 2.5
Wirtschaftlichkeit, Grundform der -> Grundform der Wirtschaftlichkeit -> 60 -> 2.5
Wirtschaftlichkeitsprinzip -> 5 -> 2.1
Wirtschaftseinheit -> 4 -> 2.1
XYZ
Ziel -> 23 -> 2.3.1
Zielanalyse -> 37 -> 2.3.3
Zielanalyse und –ordnung -> 37 -> 2.3.3
Zielarten, weitere -> weitere Zielarten -> 31 -> 2.3.1
Zielartenmatrix -> Abbildung 18 - Zielartenmatrix -> 30 -> 2.3.1
Zielbezug auf Managementebene -> 28 -> 2.3.1
Zielbildungsprozess -> Abbildung 20 - Zielbildungsprozess im Betrieb -> 36 -> 2.3.3
Zieldurchsetzung -> 37 -> 2.3.3
Ziele/ Zielarten -> 23 -> 2.3.1
Zielentscheidung -> 37 -> 2.3.3
Ziele, außerökonomisch-orientierte -> außerökonomisch-orientierte Ziele -> 31 -> 2.3.1
Ziele, extremale -> extremale Ziele -> 31 -> 2.3.1

Ziele, finanzwirtschaftliche -> finanzwirtschaftliche Ziele -> 26 -> 2.3.1
Ziele, Konfliktrelationen von -> Konfliktrelation von Zielen -> 30 -> 2.3.1
Ziele, Kompatibilitätsrelationen von -> Kompatibilitätsrelation von Zielen -> 30 -> 2.3.1
Ziele, kurzfristige -> kurzfristige Ziele -> 28 -> 2.3.1
Ziele, langfristige -> langfristige Ziele -> 29 -> 2.3.1
Ziele, leistungswirtschaftliche -> leistungswirtschaftliche Ziele -> 25 -> 2.3.1
Ziele, limitierte -> limitierte Ziele -> 31 ->2.3.1
Ziele, mittelfristige -> mittelfristige Ziele -> 28 -> 2.3.1
Ziele, monetäre -> monetären Ziele -> 31 -> 2.3.1
Ziele, nicht-monetäre -> nicht-monetäre Ziele -> 31 -> 2.3.1
Ziele, ökonomisch-orientierte -> ökonomisch-orientierte Ziele -> 31 -> 2.3.1
Ziele, operative -> Operative Ziele -> 29 -> 2.3.1
Ziele, soziale -> soziale Ziele -> 26 -> 2.3.1
Ziele, strategische -> Strategische Ziele -> 29 -> 2.3.1
Ziele, taktische -> Taktische Ziele -> 29 -> 2.3.1
Ziele, unternehmenspolitische -> 34 -> 2.3.2
Zielen, Rangordnung von -> Rangordnung von Zielen -> 27 -> 2.3.1
Zielentscheidung -> 37 -> 2.3.3
Zielhorizonte -> 28 -> 2.3.1
Zielhorizonte/ Zielbezug auf Managementebene -> 28 -> 2.3.1
Zieloperationalisierung -> 37 -> 2.3.3
Zielordnung -> 37 -> 2.3.3
Zielorientierung -> 10 -> 2.2.1
Zielorientierung von Unternehmen -> 10 -> 2.2.1
Zielrealisierbarkeitsprüfung -> 37 -> 2.3.3
Zielrevision -> 38 -> 2.3.3
Zielsuche -> 36 -> 2.3.3
Zielsystem -> 13 -> 2.2.2
Zielsystem als Wirkungsverbund, unternehmerisches
        -> Abbildung 19 - Das unternehmerische Zielsystem als Wirkungsverbund -> 32 -> 2.3.2
Zielüberprüfung-> 38 -> 2.3.3
Zielüberprüfung und -Zielrevision -> 38 -> 2.3.3
Zulässigkeitsbarrieren -> 52 -> 2.4
Zweckorientierung -> 9 -> 2.2.1
Zweckorientierung von Unternehmen -> 9 -> 2.2.1
Zweckorientierung, Offenheit und Dynamik -> 9 -> 2.2.1
Zwischenziele -> 28 -> 2.3.1

Literaturliste

Literatur zu Band 2

Ansoff, H. Igor: (Strategic Management, London 1979) Management Strategie, München, 1979.

Bartsch, Jürgen; Fischer, Gerd: Optische Betriebswirtschaftslehre, Heft 1: 20 Schaubilder zu den Grundlagen der Betriebswirtschaftslehre, 2. Aufl., Herne, Berlin, 1976.

Blohm, Hans; Beer, Thomas; Seidenberg, Ulrich, Silber, Herwig: Produktionswirtschaft, 1. Aufl., Herne, Berlin, 1987.

Clausius, Eike: Controlling in der Forschung und Entwicklung, Frankfurt am Main, 1993.

Corsten, Hans: Produktionswirtschaft: Einführung in das industrielle Produktionsmanagement, ab 11. Auf., München, Wien, 2007.

Czeranowsky, Günter: Die Leistungserstellung, in: Krabbe, E. (Hrsg.), Leitfaden zum Grundstudium der Betriebswirtschaftslehre, ab 7. Aufl., Gernsbach, 2003, S. 343ff..

Diederich, Helmut: Allgemeine Betriebswirtschaftslehre I, 7. Aufl., Stuttgart, Berlin, Köln, 1992.

Frese, Erich: Kontrolle und Unternehmungsführung. Entscheidungs- und organisationstheoretische Grundlagen, Wiesbaden, 1968.

Gutenberg, Erich: Grundlagen der Betriebswirtschaftslehre, Band 1: Die Produktion, ab 24. Aufl., Berlin, Heidelberg, New York 1983.

Hill, Wilhelm: Unternehmungsplanung, 2. Aufl., Stuttgart, 1971.

Hopfenbeck, Waldemar: Allgemeine Betriebswirtschaftslehre und Managementlehre, ab 14. Aufl., Landsberg/ Lech, 2002.

Hoitsch, Hans-Jörg: Produktionswirtschaft: Grundlagen einer industriellen Betriebswirtschaftslehre, 2. Aufl., München, 1993.

Horváth, Péter: Controlling, ab 11. Aufl., München, 2008.

Nagel, Peter: Systemdenken, in: Daenzer, W.F. (Hrsg.): Systems Engineering, 3. Aufl., Zürich, 1983, S.10ff.

Peters, Sönke: Betriebswirtschaftslehre, ab 12. Aufl., München, 2005.

Ulrich, Hans: Die Unternehmung als produktives soziales System, 2. Aufl., Bern, Stuttgart, 1970.

Ulrich, Hans: Unternehmungspolitik, Bern, Stuttgart, 1978.

Weber, Jürgen: Einführung in das Controlling, ab 12. Auf., Stuttgart, 2008.

Wild, Jürgen: Grundlagen der Unternehmungsplanung, 4. Aufl., Opladen, 1982.

Wöhe, Günter: Einführung in die allgemeine Betriebswirtschaftslehre, 25. Aufl., München, 2013.

Über den Autor

Dr. Eike Clausius (www.eikeclausius.de) studierte Wirtschaft und Chemie in Berlin, Niederlanden, (ehem.) Tschechoslowakei sowie den USA und schloss sein Studium als Wirtschaftsingenieur an der TU Berlin mit dem Dipl.-Ingenieur/ TU 1983 ab.

Nach mehrjähriger Tätigkeit in der Industrie promovierte er 1992 zum Dr. rer. oec. an der TU Berlin. 1994 erhielt er einen Ruf zum Professor auf den Lehrstuhl für Allgemeine Betriebswirtschaftslehre an die Westsächsischen Hochschule Zwickau in Zwickau/ Sachsen. Er erweiterte seine Kenntnisse um den Forschungs- und Spezialschwerpunkt: Unternehmensführung mit emotionaler Kompetenz, insbesondere die EIKE-Methode -- Emotional-Intelligence-as-Key-Element.

Er ist Bestseller-Autor mehrerer wissenschaftlicher Bücher, Healthy-Living- und Mental-Coach sowie Persönlichkeits-Trainer. In unterschiedlichen Unternehmen ist er als Coach sowie All-umfassender Trainer tätig.

Mit seiner Familie lebt er in Berlin.

Kontakt zum Autor für Seminarinteressierte, Unterstützer seiner Forschungsgebiete und Sponsoren:

Homepage: www.eikeclausius.de; www.EIKE-Methode.de www.das-zweite.gehalt.de; www.the-second-income.de; www.la-segunda-fuente.de

Email: ecl@eikeclausius.de

Notizen